日本語
ライブラリー

現代語文法概説

井島正博

[編著]

井上　優　　野田春美

大島資生　　野田尚史

岡﨑友子　　早津恵美子

鴻野知暁　　前田直子

定延利之　　宮崎和人

沼田善子

[著]

朝倉書店

編著者

井_い島_{じま}正_{まさ}博_{ひろ}　東京大学大学院人文社会系研究科　　　　　　（1, 10章）

著　者（50音順）

井_{いの}上_{うえ}　優_{まさる}　日本大学文理学部　　　　　　　　　　　　　（3章）

大_{おお}島_{しま}資_{もと}生_お　東京都立大学人文社会学部　　　　　　　　（9章）

岡_{おか}﨑_{ざき}友_{とも}子_こ　東洋大学文学部　　　　　　　　　　　　　（7章）

鴻_{こう}野_の知_{とも}暁_{あき}　東京大学大学院人文社会系研究科　　　　（13章）

定_{さだ}延_{のぶ}利_{とし}之_{ゆき}　京都大学大学院文学研究科　　　　　　　（12章）

沼_{ぬま}田_た善_{よし}子_こ　筑波大学人文社会系　　　　　　　　　　　（6章）

野_の田_だ春_{はる}美_み　神戸学院大学人文学部　　　　　　　　　（11章）

野_の田_だ尚_{ひさ}史_し　国立国語研究所　　　　　　　　　　　　　（5章）

早_{はや}津_つ恵_え美_み子_こ　名古屋外国語大学国際教養学部　　　　　（2章）

前_{まえ}田_だ直_{なお}子_こ　学習院大学文学部　　　　　　　　　　　　（8章）

宮_{みや}崎_{ざき}和_{かず}人_{ひと}　岡山大学大学院社会文化科学研究科　　　（4章）

は じ め に

　本書は，現代日本語文法の概説書である．編者として意を用いたことは，現代語文法研究の現状を，できるだけ忠実に反映し，また研究の深さも可能な限り損なわないようにしたいということであった．

　ところで第1章でも紹介するように，現在の現代語文法は，1980年以降，多くの研究者を擁し，専門分化が進んできている．そうであるならば，章立てとしては，専門分化したそれぞれの研究分野ごとに割り振るのが妥当であろう．そして，望むらくはそれぞれの研究分野で研究を推進してきた代表的な研究者に，それぞれの章を執筆していただくのが最善であろう．

　編者は，実はそのような理想的な概説書がはたして実現できるのか，自信はなかった．しかし，朝倉書店に企画を提示して了承を得ることができた．さらに各章を担当していただくつもりの各研究分野の代表的な研究者全員に了解を得ることができるかどうか，これも不安はあった．しかしこれも実際に交渉を行ったところ，およそ目指した執筆予定者全員から快諾を得ることができた．ただその後，諸般の事情で，出版予定日からかなり遅れることになり，締め切り通りに原稿を提出していただいた研究者にはお待たせしてご迷惑をかけることになってしまった．またその間，朝倉書店の編集者には，遅れた原稿の督促や本書全体の統一などにご尽力いただいた．このような多くの方々のご助力により，最初編者が夢想した現代日本語文法の概説書がここに出版されるはこびとなった．お力添えいただいたこれらの方々には，深謝申し上げたい．

　以上のような経緯で作り上げられた本書は，これから現代日本語文法について研究を志す学部学生，現代日本語文法の全体を概観したいと考える日本語文法を研究する大学院生，またいったい現代日本語文法の現状はどうなっているのかに関心を持つ一般の方々に手にとっていただけることを企図している．好意をもって受け入れられれば幸いである．

　2020年，いろいろな意味で思い出深い夏に

井 島 正 博

凡　例

　本書にあげられた例文は，その使用上の許容度について以下のような表記法を採用する．

　例文の冒頭に示した記号によって，

＊：（いかなる文脈においても）不自然であることを表す．

＃：（許容されうる文脈はあるが）示された文脈において不自然であることを表す．

？：用いられないことはないが，若干不自然であることを表す．

？？：完全に不自然とはいいきれないが，かなり不自然であることを表す．

　これらの記号がついていない例文は，原則として自然に用いられることを表す．

目　　次

現代語文法概説序論

　本書は，21世紀の現代語文法研究の現状を，できるだけ偏りなくかつ議論の深まりを損なうことなくありのままに概観しようとすることを目指している．それに関しては，まず現在の日本語文法の世界が歴史的にどのように成立したのかを概観しておく必要がある．

1.1　近代以降の日本語文法研究

　近代以降の日本語文法研究の展開を，編者は三期に分けて考えているが，ここでは第一期，二期についての詳論は避ける．現在まで続く第三期の成立前後に限って見ていきたい．第二期は「陳述論」を中心とする全体理論の時代で，統一的な理論体系によって日本語の文法現象をすべて解き明かそうという意志に貫かれた議論が展開された．しかしそのため，理論的な整合性に注意が払われる一方，具体的な個々の文法的事実は置き去りにされる傾向が見られた．

　他方では，その間，1970年代には，生成文法という外来の文法理論を日本語に適用しようとする研究が相次いで出版され，またこの時期は，外国人に対する日本語教育が注目され，類義表現の違いなどを個々に明らかにする必要に迫られるようになった．それと平行して，日本人の児童・生徒に対する国語教育もそれまでの旧態依然とした学校文法を改革しようとする動きを見せるようになった．

　そのような混沌とした状況で，陳述論はそれらの要求に対応することができず，1980年頃には理論的な生産性を失って一気に衰退する．こうして一時期，文法の空白期間が現出することになった．そこに生成文法は独自の理論によってトップダウン式に日本語を記述しようとし，日本語教育系はボトムアップ式

に個別の文法記述を体系化しようとした．国語教育系はロシアの文法理論など
を受けつつも，実例主義を貫く．

このような状況の中で，日本語教育の系統とのつながりをもつ仁田義雄氏は
1980 年に『語彙論的統語論』（明治書院）を著し，命題の中の述語と格との関
係をもとにした文法を提出し，日本語文法の新たな道を示す．ただ，語彙論的
統語論はあくまで命題の中の構造を論じる理論なのであって，日本語文法全体
を包括する理論ではなかった．そこで 1980 年の中頃には，仁田氏を中心にし
てテンス・アスペクトに関する議論が盛り上がる．それに続いて 1990 年頃に
はモダリティに関する議論が盛んに行われ，仁田義雄氏『日本語のモダリティ
と人称』（ひつじ書房，1991），益岡隆志氏『モダリティの文法』（くろしお出
版，1991）が相次いで出版される．ちなみに，仁田氏は『語彙論的統語論』以
降，全体理論を完成するために，命題の "ソト" にあるモダリティの解明を目
指し，命題をモダリティが包み込む "階層的モダリティ論" を提唱したが，か
えって命題の理論とモダリティの理論との異質性を明らかにすることになった
と思われる．

ちなみに，1980 年以前には，日本語の文法は古典語中心であり，現代語文
法は副次的なものであった観があるが，それ以降は文法研究は現代語が牽引す
るようになり，また研究者数，論文数もそれまでの十倍近くに拡大する．これ
らの若手の研究者は，文法研究を理論的に深めるというよりは，手持ちの文法
理論で日本語の文法的な事実を詳細に記述していくことに力を注いだというこ
とができる．そのため，個々の研究者は，先のテンス・アスペクトやモダリティ
の他，とりたて（いわゆる副助詞），指示語，主題，条件文，形式名詞述語文
その他の一つ一つのテーマを扱うようになり専門分化が進む．そしてそれぞれ
のテーマごとに独自の理論が見出されることを明らかにしたが，そのためかつ
ての全体理論は空中楼閣の観を呈するようになり，全体理論を追求しようとす
る研究意欲は失われていったように思われる．

2000 年代に入ると，そのような形での現代語文法も新たな開拓の余地をほ
ぼ失ってくるが，仁田氏とその門下生による日本語記述文法研究会によって 8
巻に及ぶ日本語文法全体を見渡す『現代日本語文法』（くろしお出版，2003〜
2010）にその成果が集大成される．その後，一方では現代語文法の中であがっ

た成果を古典語に適用して新しい成果をあげようとする動きもみられるが，今後どのような方向に文法研究が向かうのか，現在もまた一つの分岐点となっているようにも見受けられる.

このような現状を踏まえて，現在の段階で現代語文法の概説書を編纂するとすれば，どのようなものが最善だろうか. かつての文法の概説書は，品詞ごとに解説を加え，全品詞を覆うことによって文法全体を論じたとするものも少なくなかった. しかし現在の文法研究では，とりたて詞（副助詞）などたまたま研究領域が従来の品詞におよそ一致する場合を除けば，品詞論と研究領域が重なるものはほとんどみられない. 言葉を換えれば，かつての品詞論を中心とした文法研究は，それぞれの品詞はどのような機能をもっているかという議論，ある語がもっている文法的機能から，だからその語は〜詞なのだ，とする議論のしかたが中心であった. しかるに，結論としてある語がどの品詞に属すかを特定するよりも，その語がもっている文法的な機能の方が興味深いことに次第に気が付かれるようになり，その特徴ごとに研究分野を構成するようになったと考えることができる. たとえば，カラとノデとは，かつては品詞論的に接続助詞と準体格助詞＋格助詞と了解されたので，そもそも比較しようとする動機付けもなかった. しかるに，いずれも機能としては順接確定の条件節を構成するという機能を共通にすることからその違いが問題にされるようになった（いうまでもなく，現在では両者はともに接続助詞と認識されているが）. 要するに，現在では研究者は品詞による研究分野の分割を行っているのではなく，文法的な機能の違いによって研究分野を分割しているのである.

とすれば，概説書も，現代の文法研究者が専門分野を分割する機能ごとに章立てをする方が文法研究の現状を反映しているということになる. そして研究者自身の専門分化が進んだ現在，それぞれの専門分野の中で中心として推進してきた研究者に，その専門分野のエッセンスと思われる内容をわかりやすく概説してもらうことが，最善の概説書であろうと考えた. その際，それぞれの専門分野の中で（すなわち章の中で）議論が一貫していれば，章相互の論じ方の一貫性は，一書を構成する最小限の約束事以外は，必ずしも求めないことにしようと考えた. これも，全体理論に対する信用が失墜し，個別の文法分野ごとに研究が進み，研究者の専門分化が進んだことの反映として妥当なあり方だと

思われる.

　本書は以上のような編集方針のもとに編まれたが，このようなあり方は文法研究の現状を最も正しく反映した概説書のあり方だと信じるものであり，現代語文法の初学者としての学部学生，あるいは現在の文法研究の全体像をまずは大きく了解したいと考える大学院生，もしくは現代の日本語文法はどうなっているのか関心のある一般の方々に向けてまとめられた.

1.2　本　書　の　構　成

　以下では，章ごとに，それぞれのテーマの背景にある研究の歴史を中心として，簡単にコメントを加えていきたい.

　第2章「ヴォイス」は，近世の本居春庭『詞通路』（1828）以来の伝統的な研究分野である. ちなみに英語などでは受身と使役とはその統語的な構造が異なるので，別々に論じられることが多いが，日本語では受身は動詞に助動詞レル・ラレルが付加され，使役は動詞に助動詞セル・サセルが付加されるというように，並行的なふるまいをするので，『詞通路』以来一括して論じられることも多い. とはいうものの，1970年代に生成文法によって，日本語の直接受身文と間接受身文とは同一構造かそうではないかが問題にされて以来，受身文に関心が集まった. そもそも生成文法が成立する経緯には，英語の能動文と受身文とは意味はおよそ同じであるのに統語形態が異なっているところから，深層構造と表層構造とを区別する理論的モデルが立てられたという事情がある. また従来，日本語の直接・間接受身文ともに，原則として有情（うじょう）物すなわち人ないし有生物を主語とするといわれており，その背後にはどのような仕組みがあるのか，またそうはいっても非情物主語の受身文も英語の影響を受ける近代以前から存在し，それはどのような条件で用いられるのかなど，解決すべき問題は少なくない. 他方で使役文に関しても，ヲ使役・ニ使役の区別，強制的使役・放任的使役の用法違いなど興味深い問題が散見されるが，特に"介在性"といった観点から独自の使役文の体系を構築した『現代日本語の使役文』（2016）の著者である早津恵美子氏に，受身文も含めてヴォイス全体に関して執筆をお願いした.

　第3章「テンス・アスペクト」に関して，近代以降，テンスの方は，過去・現在・未来という概念が仏教を通してなじみのあるものであったためにすぐに理解されたが，アスペクトの方は，はじめテンスと混同されており，明治20年代からその違いが認識されるようになり，明治30年代にやっと定着する．しかしこのことは現在まで影響を残しており，特にアスペクトに関して，研究者間で見解が相違する，というより研究者のグループ間で大きく二つの研究の流れがある．一つは国語教育系の奥田靖雄氏を中心とする教育科学研究会の研究で，もう一つは日本語教育系の寺村秀夫氏を中心とする研究である．この二つの流れは面白いことに，基本的な用法に関しては，大きな相違はみられない．たとえば，テイルの働きは，動作の進行・結果の存続・単なる状態・経験（・反復）の四つないし五つに分けられる（ただし用法の名称はそれぞれ異なる）．しかしそこから組み立てられるテンス・アスペクトの理論体系は，驚くほど異なっている．国語教育系では，スル／シタ，スル／シテイルという形態の違いが，非過去／過去というテンスの対立と，完成相／継続相というアスペクトの対立とを表しているという考えを基礎として立論されているのに対し，日本語教育系では，スル／シタという助動詞の有無が，さらにシテイル・シテアル・シテシマウなどの補助動詞で細分化され，そのうえに「〜し始める・続ける・終わる」などの複合動詞で細分化されると考える．そこでこの章をお願いするにあたっては，あえてどちらの考え方からも距離をとりつつ，テンス・アスペクトと否定のあり方などについて，大変面白い指摘をしている「現代日本語の「タ」－主文末の「…タ」の意味について」（2001），「テンス・アスペクトの比較対照－日本語・朝鮮語・中国語－」（2002）（生越直樹・木村秀樹氏と共著）などの筆者である井上優氏にお願いすることにした．

　第4章「モダリティ」は，現在では，多くの研究者は階層的モダリティ論の上に立って立論することが多い．しかるに，モダリティを階層的に了解する考え方は，海外にもなくはないものの，すべての文法要素をいずれかの階層に割り振ろうとする徹底さは，日本独特のありかたである．そもそも階層的モダリティ論の淵源は，陳述論に求められる．陳述論にもさまざまな理論的変遷が見出されるが，その嚆矢としての山田文法から陳述（統覚作用）は文末にあるとされた．その後時枝文法，渡辺文法と展開しても文は叙述内容に陳述が後接し

て成立すると考えられた．そして果たして陳述に文を終わらせる働きがあるかを問題にした芳賀綏氏の「“陳述”とは何もの？」（『国語国文』23巻4号，1954）によって，陳述には文を終わらせる働きはなく，「述定」と「伝達」という二つの働きに分けられることが示された．この二つの機能は，南不二男氏『現代日本語の構造』（大修館書店，1974），『現代日本語文法の輪郭』（大修館書店，1993）の文のABCD四段階（あるいは描叙段階・判断段階・提出段階・表出段階）説のうちCD段階に取り入れられる．そして陳述論の退潮後，仁田義雄氏の『日本語のモダリティと人称』（ひつじ書房，1990）において，文の構造を命題の周りを，「命題めあてのモダリティ」と「聞き手めあてのモダリティ」が取り巻いたものと了解する階層的モダリティ論に継承され，それが通説として定着するに至る．そのような中で，モダリティの精緻な分析を展開された『現代日本語の疑問表現―疑いと確認要求―』（2005）の著者である宮崎和人氏にこの章の執筆をお願いした．モダリティ論はその中でも推量表現が中心となって展開され，宮崎氏も推量ないしその周辺の表現に鋭い分析を見せてこられたが，ここでは理論的な説明を抑制して，全体を俯瞰する形で目配りよくモダリティ研究の全体像が見渡されている．その一方で，欧米で多く見受けられる認識的モダリティ（epistemic modality）と義務的モダリティ（deontic modality）との対立をベースにした理論的枠組への目配りも忘れられてはいない．

　第5章「ハとガ」，特にハについては，文法研究の中でもこれまで最も研究の歴史の厚い分野の一つで，研究文献は数百点に及ぶ．ハは一方ではモと対にされてともに題目・主題を表すといわれ，さらにハは他と異なることすなわち「分説」などを表し，モは他と同じであることすなわち「合説」などを表すと論じられてきた．他方でハもガもどちらも主語を表す助詞とされ，「象は鼻が長い」に代表される二重主語文あるいはハガ構文をどのように説明するかが問題とされてきた．草野清民氏『日本文法』（冨山房，1901）以来，「象は」は「鼻が長い」に対する「総主語」，「鼻が」は「長い」に対する「小主語」であるという説が長らく通説化していたが，三上章氏の『象ハ鼻ガ長イ』（1960）によって，ハは主題を表すのが本務で，ガやヲ・ニなど格を標示することを兼務するという説が提示され，現在の研究の基礎を築く．すなわちハは，話し手や聞き

手が何を知っており何を知らないかをもとにした研究分野である情報構造で扱われるものであり，ガは，述語に対してそれぞれの項がどのような意味関係で結びつくかを論じる格構造に属するものであると考えられる．近年でもハとガに関する研究および研究者は少なくないのであるが，三上以来の研究の流れを受け継ぎ，しかもハとガとの働きを大変わかりやすく説明した『「は」と「が」』(1996) の著者である野田尚志氏に執筆をお願いした．

　第6章「とりたて詞」は，従来の品詞分類では副助詞といわれてきたものの働きを，奥津敬一郎氏が文法的な特徴をもとにさらにいくつかに細分化したものの一つを指すが，沼田善子氏の「とりたて詞」(1986) 以来，新たな研究分野として展開されてきた．すなわち，山田孝雄に命名された「副助詞」は，名称通りに意味を"副える"助詞という認識であった．すなわち，ダケは"限定"という意味を，サエは"添加"という意味を付け加えるのが働きであるというように考えられてきた．言葉を補えば，助詞の中でも格助詞，係助詞，接続助詞は，ソシュールの概念でいえば連辞的な結びつきで働く（格助詞は述語と，係助詞は結びと，接続助詞は主節と）ので働きがわかりやすいのに対して，副助詞の働きはわかりにくかった（間投助詞，終助詞は聞き手への働きかけと了解されてきた）．しかるに，副助詞は範列的な軸で当該要素と他の要素との関係を表わしている，というように認識の変更を要求したところにとりたて詞研究の意義はある．"副助詞"から"とりたて詞"へと名称の変更に伴い，モが研究の中心となって議論が展開されてきた．この章に関しては，まさに研究の中心人物で『現代日本語とりたて詞の研究』(2009) の著者である沼田善子氏に執筆をお願いした．

　第7章「指示詞」は，従来，それを中心として一書が編まれることはなかったが，それでもある程度の言及はみられた．たとえば佐久間鼎氏『現代日本語の表現と語法』(1951) には，よく知られているように，コソアは近称・中称・遠称という三項の対立であると論じられている．しかるに，多くの言語では，英語の this／that あるいは here／there のように，あるいは中国語の这／那のように，近／遠という二項対立の言語が多いところからも，コとアとは近／遠の対立であると認めてもよいように思われる．他方で，ソは，改めてコとの対立の上で，話し手側／聞き手側という，また違った基準での使い分けがあるよ

うに論じられてきた（言葉の使い分けに聞き手が加わるのは，ユク／クルの使い分けなどとともに，日本語独特のものである）．とはいうものの，このように，コ／アの対立は近／遠，コ／ソの対立は話し手側／聞き手側ときれいに分かれていればよいのであるが，近年，ソにはやはり中称の用法もあるという議論が実証的に示されている．また，指示語には指示される領域の違いに関する議論の流れがある．すなわち，話し手と聞き手とが存在する場をもとにした「現場指示」，その場で進行している会話の内容をもとにした「文脈指示」，聴覚，触覚，嗅覚，味覚などの「知覚内容指示」，その場での会話以前に話し手と聞き手とが共通に持っている記憶をもとにした「記憶内容指示」の四種に分けられてきた．しかるに，知覚内容指示は現場指示に含めることも可能であり，結局，直示，文脈，知識という，主題提示のハの用法とも共通する旧情報の類型と一致することになる．そしてそのような現代語の指示の体系が，上代以降，どのようにして成立したのかは，金水敏氏以来スリリングな議論の展開を見せてきたのだが，その中心的な議論は岡崎友子氏の『日本語指示詞の歴史的研究』（2010）などによって進められてきており，指示語の章は氏にお任せすることにした．

　第8章「条件表現」については，研究はかなり後発的である．確かに阪倉篤義氏の「条件表現の変遷」（『国語学』33輯，1958）のように，古典語の已然形＋バが確定条件を表していたのに対して，同形である現代語の仮定形＋バは仮定条件を表すようになったことを中心とした議論など，優れた議論がなかったわけではない．しかるに条件文の原理や，条件文全体にわたる研究書は1980年頃までは見出されなかった．古典語ではあるが山口堯二氏の『古代接続法の研究』（明治書院，1980）が出た時には，条件文の研究もやっと体系的に論じられるようになったかと思われた．しかるに，2000年前後には古典語も現代語も条件文の研究書が相次いで出版され，本格的な研究の時代に入ったことを周知させることになった．条件文は従来の一般的な枠組では，順接／逆接，仮定／確定という二つの基準を組み合わせた四つの類型に分けられるのが通例であったが，古典語文法では，仮定・確定条件に並んで，一般条件（いわゆる恒常条件）を加えるものがあったり，また欧米の研究では，逆接の仮定・確定条件を併せて譲歩文と呼ばれたりした．そのような中でも前田直子氏の

『日本語の複文—条件文と原因理由文の記述的研究—』(2009) は，それまでの条件文研究を真正面から受け止めて体系化を目指した成果であると思われるので，前田氏に「条件表現」の執筆をお願いした．ちなみに前田氏は，仮定／確定の軸を"レアリティ"の区別だとして，「仮定的」(さらに「仮説的」/「反事実的」に二分される)／「事実的」と呼び代えて，順接仮定を「条件」，順接確定を「原因・理由」，逆接仮定を「逆条件」，逆接確定を「逆原因」と名付けているが，ここではそのような独特の命名を抑制して，一般にもわかりやすい記述が行われている．

　第9章「連体」に関しては，連用がさまざまな格関係，副詞との関係などの研究が進んでいたのに対して，その内部構造の解明は大変遅れたと言わざるをえない．その研究が緒に就いたのは，1970年代で，ほぼ二箇所からある意味では共通する枠組みが提出された．一つは奥津敬一郎氏の『生成日本文法論』(1974)で，そこでは命題の中の名詞を文末に移動する同一名詞連体，命題内容のカテゴリーを示す名詞に連なる同格連体，命題の表す位置や時間などとの相対的関係を表す相対名詞に連なる相対連体，また同格連体・相対連体の他，命題と名詞が原因-結果あるいは結果-原因の関係にあるものも含め，これら全体が付加連体と呼ばれた．他方で寺村秀夫氏の「連体修飾のシンタクスと意味その1〜その4」(1975〜78)では奥津氏の同一名詞連体に相当する内の関係と，それ以外のものに相当する外の関係という二分類を提唱した．近年は日本語教育系の勢いが大きいため，内の関係・外の関係という術語を見かけることが多いが，この大きな枠組みのもとで，連体を専門分野として研究を進めた，奥津門下であり『日本語連体修飾節構造の研究』(2010) の著者である大島資生氏に執筆をお願いした．

　第10章「否定文」については，他の研究分野に比して，先行研究が極端に少ない．とはいうものの，日本語文法の分野では珍しいことではあるが，『月刊言語』に掲載された本多勝一氏の連載「日本語の作文技術」の一編 (『月刊言語』5巻1号，1976) において，「車は急に止まれない」という交通標語が，常識的に了解されている，"車は急停車できない"ではなく，"車が突然停車できなくなった"という意味としか解釈できないと論じられたことを受けて，直感的に了解できないこの議論に対して，反論として大小十数本の報告，論文が

提出された．それぞれの主張は論点がさまざまで，日本語の否定文に関して，むしろ共通了解がなかったことを痛感させることとなった．今にして思えば，これはスコープと焦点との問題であったと思い至る．その他にも，否定の陳述副詞，あるいは否定極性表現の研究その他，研究が皆無であったわけではない．しかしその他の研究分野に比して，解明がいまだあまり進んでいないと言うことができる．それに対して，言語学の分野では，否定に関する研究には何度かの波があったように見受けられる．生成文法における 1970 年代の拡大標準理論への脱皮には否定あるいは数量詞が大きく関わり，それに伴って日本語に関しても興味深い研究が数多く提出された．最近では語用論の研究者であるホーン（L. R. Horn）の哲学的な議論も交えた大変難解で興味深い『否定の博物誌 *A Natural History of Negation*』（2001）が公にされ，新たな研究の可能性の指針となっている．このテーマについては，他の研究者にお願いすることも考えられたが，編者自身が「否定文の多層的分析」(1991)，「数量詞と否定文」(2013a)，「副詞句と否定文」(2013b)，「否定文」(2014) など論文・辞書項目を書いていることもあり，編者がこの章を担当することにした．

　第 11 章「形式名詞述語文」については，研究の歴史は思いの外浅い．というのも，文法研究が品詞論中心であった時代には，ノダは準体格助詞ノ＋断定の助動詞ダと了解され，そもそもノダという複合した形は研究の対象とは見なされなかったからである．しかるに 1950 年頃からちらほらと研究文献が見られるようになり，1980・90 年代には急速に研究が進み，ノダを中心とした研究書も見出されるようになる．現在では研究文献も 200 点を越えている．ノダの働きとしては，当初から“説明”といわれ，また特に日本語教育系の流れの中ではノダが文末に用いられることが多いことから，モダリティの一種と了解され，“説明のモダリティ”の代表的な形であると位置付けられるようになる．ただ，実際にはノダは“説明”という意味には収まりきれない用法も少なくなく，また文末以外に用いられることも多い．そのような中で，ノダの研究を中心的に推進し『「の（だ）」の機能』(1997) を著した野田春美氏に執筆をお願いした．また，ノダと同じような構成の形式名詞述語文に，ワケダ・モノダ・コトダ・トコロダ・ツモリダ・ハズダなどについても，ノダほどではないにしても，研究の積み重ねがある．これらの表現についても紙幅を割いていただいた．

　第 12 章「語用論」はそもそも日本で展開された文法研究の中で成立した研究分野ではない．1930 年代に，アメリカのプラグマティズム哲学の流れを汲むモリス（C. W. Morris）が言語研究には，語と語との関わりを研究する「統語論 syntax」と，語と意味との関わりを研究する「意味論 semantics」と，言語と話し手と聞き手とを含む使用場面とのかかわりをを研究する「語用論 pragmatics」という三つの領域が存在すると言ったが，その時代には語用論は研究上の位置付けが指定されたに留まり，その実態はなかった．語用論の研究が緒につくには言語研究の近隣分野から理論的枠組みが提供される必要があったが，それはやっと 1970・80 年代に英米の分析哲学，なかでも日常言語学派のオースティン（J. L. Austin），グライス（H. P. Grice），サール（J. R. Searle）らの言語理論をもとに構築されることになった．その特徴は，特に対話の場を構成する話し手と聞き手とを理論の中に取り込むというところにあり，具体的な研究分野としては，オースティンやサールが主導する言語行為論の他，直示表現（deixis），グライスが先鞭を付けた協調の原理およびそれを応用したレトリック研究, 情報構造, ブラウン（P. Brown）とレヴィンソン（S. C. Levinson）の研究を嚆矢とするポライトネス，視点などがあげられる．そのような中で，『コミュニケーションへの言語的接近』（2016）など独自のコミュニケーション理論を展開している定延利之氏に執筆をお願いした．

　第 13 章「パソコンを用いた文法研究」は，他の章とは異なり，現代語文法を研究するにあたって，論文やレポートを執筆する際に，どのように実例を収集するかに関して，その方法論，注意点をまとめた章である．ちなみに，1970・80 年代には，現代語文法の研究は，作例をもとにして議論されることが多かった．これは文法研究は頭で考えたことを示す作例をあげればことが済むと思われており，またその場に適当な実例を人力で探すのは大変な労力がかかったからであると思われる．しかるにその当時も，教育科学研究会からは，学会の席などで，文法研究は実例をもとに議論していないという批判がたびたび提出されていた．それに対して 1990 年代以降は，まず作例をもとにした文法研究では，どれくらい自然な例文かが不分明である（しばしば著者の議論に都合よく許容度が判定されているように思われる場合もあった）うえに，実際には著者が想定している用法の他にもさまざまな用法が見出されることもある

という反省の上に立ち，また日本語の大量電子データの構築，ならびに検索方法の簡便化に伴い，容易に多くの実例を挙げることができるようになった．このようにして，現代語日本語文法の研究も，実例をもとにした立論が求められるようになってきた．とはいうものの，そのようなノウ・ハウをまだ身につけていない学生，入学したての大学院生には，研究を進めるにあたって必要な手続きとなったわけである．そこでこの章を国立国語研究所で歴史コーパスの構築に深く関わった鴻野智暁氏にお願いすることにした．

　（本書の各章で引用されている著書・論文には，その出典を示さなかった．）

[**井島正博**]

2　ヴォイス

　文法用語の中には，定義がはっきりしていて研究者による認め方の違いがそれほど大きくないものもあるが，必ずしもそうでないものもある．文法を考えるときに重要な概念である「文」や「語（単語）」がそうであるし，「主語」「テンス」「アスペクト」「モダリティ」等も，そしてこの「ヴォイス（voice）」にもいくつかの捉え方がある[1]．本章では，日本語のヴォイスについてのさまざまな説の全体を紹介するというのではなく，諸説でふられることの多い現象について具体的に考え，それを通して，日本語のヴォイスをどのように捉えればこれらの言語事実をうまく位置づけまとめられるだろうかを考えてみる．

2.1　受身文・使役文を使うとき

　受身文（動詞の未然形に助動詞「-（ラ）レル」のついた V-（ラ）レルを述語とする文）をヴォイスの現象だとすることは広く受け入れられている．受身文はどのようなときに用いるのだろう．いまここに，「泣いている子供がいて，どうもそれは先生がその子を叱ったことによるらしい」という事態があったとする．もし日本語に受身文がなくても，もちろんこの事態を表現することはできる．

　（1a）<u>太郎が</u>泣いている．きっと<u>先生が</u>叱ったのだろう．

　これは二つの文による表現で，かつそれぞれの主語（__部）は異なっている．一つの文で述べようとするとどうだろう．たとえば次のようにすれば V-（ラ）レルを使わずに述べることができる（ほかにも述べ方はある）．

---

[1] 『日本語文法事典』（日本語文法学会編 2014，大修館書店）では，これらの用語は，複数の執筆者によって別々に，独立の項目として説明されている．

（1b）太郎が泣いているのは先生が叱ったからだろう．

（1c）太郎が泣いているのをみるとどうも先生が叱ったらしい．

（1d）先生が叱ったらしく太郎が泣いている．

（1e）先生が叱ったせいで太郎が泣いているのだろう．

　これらはたしかに一つの文だが，二つのかなり独立した部分からなっていて，それぞれの主語は異なっている．それでは，「太郎」を主語にしてひとまとまりの文で述べることはできないか．V-（ラ）レルを使えばそれが可能になる．

（1f）太郎は先生に叱られて泣いているのだろう．

　次のそれぞれも，V-（ラ）レルを使った表現と V による表現である．

（2）赤ちゃんは母親に抱かれて，すやすや眠っている．

　　cf. 母親が赤ちゃんを抱いている．その赤ちゃんはすやすや眠っている．

（3）花びらが風に吹かれて舞っている．

　　cf. 風が吹くなかで，花びらが舞っている．

（4）選手たちが雨に降られてびしょぬれになった．

　　cf. 雨が降って，選手たちがびしょぬれになった．

　また，一つの文にしない場合でも，「太郎」を主語にし，V と V-（ラ）レルを使っていくつかの事柄を述べていくことができる．

（1g）太郎がしょんぼり家に帰ってきた．自分の部屋でしくしく泣いている．
　　　きっと先生に叱られたのだろう．友だちに囲まれて元気に学校へ出か
　　　けたのに，なにかよくないことをしたのだろうか．……

　このように，日本語では，V-（ラ）レルを使うことで，複数の事柄を同一の主語のもとで，その主語に生じることとして述べることができる．

　さてここまでは，（1）で述べられる事態に関わる2人のうち「太郎」を主語にして述べる文を考えてきた．「先生」を主語にしてその主語のもとにこの事態を述べることはできないだろうか．たとえば次のような文で述べることができ，これは使役文（動詞の未然形に「-（サ）セル」のついた V-（サ）セルを述語とする文）である．

（1h）先生が太郎を叱って泣かせてしまった．

　次のそれぞれも，V-（サ）セルを使った表現と使わない表現である．

（5）母親が子供に言って食器を洗わせた．

cf. 母親が子供に食器を洗うよう言った. それで子供が食器を洗った.

(6) 部長は部下に集めさせた資料をもとに報告書を書いている.

cf. 部長の指示で部下が資料を集め, 部長はそれをもとに報告書を書いた.

(7) お母さん達は子供を砂場で遊ばせながらおしゃべりをしている.

cf. 子供が砂場で遊んでいるそばでお母さん達がおしゃべりをしている.

そして次の文は, 「先生」を主語にして先生について述べる連続する文である.

(1i) 先生が太郎のいたずらを見つけた. いつもは太郎をほめることが多いのだが, これは叱るべきだと考え, 少しきつく注意してしまった. しかし泣かせるつもりはなかったので, 少しかわいそうになった. ……

このように, V-(サ) セルを使うことによって, 人の自分自身の動きや心理状態と他者の動作の引きおこしといった複数の事柄を, 同一の主語のもとで述べることができるようになる.

次の文が可能なのは, V-(ラ) レルと V-(サ) セルの上述の性質ゆえである.

(8) 太郎は, 人に食事をおごるのも, 人から食事をおごられるのも, 人に食事をおごらせるのも, 人から食事をおごってもらうのも上手だ.

また, 人が他者から動作を受けることについての意志をもつこと, 他者の動作を引きおこそうという意志をもつことを, ひとつの主語のもとで述べるには V-(ラ) レルや V-(サ) セルの使用が有効である.

(9) 太郎は自分の涙を人に見られまいとしてうつむいた.

cf. 太郎は人が自分の涙を見ないようにうつむいた.

(10) 山田さんは次男に家を継がせたかった.

cf. 山田さんは次男が家を継ぐことを望んでいた.

2.2 動詞の形態論的な形とそれを述語とする文の主語の性質

前節では, V-(ラ) レル, V-(サ) セルを用いることによって複数の事柄を同一の主語のもとで述べるという通達的な機能をはたせることをみた. このようなことができるのは, V-(ラ) レルと V-(サ) セルがどのような性質をもつか

らだろうか. 動詞の語形とそれを述語とする文の主語との関係を考えてみる.

原動詞（V：助動詞や助詞のつかない形）を述語とする文の主語（「太郎が花子をほめる」の「太郎」）は，動作を行うその人である（これを「動作主体」という）. それでは，動詞に助動詞や助詞，補助動詞等のついた形の場合はどうだろう. 下に示すのは，「書く」と「ほめる」を例にして，原動詞とそれにさまざまな要素がついて文法的な意味[2]（受身，可能，使役，否定，過去，丁寧，推量，条件，継続，恩恵の授受，等）を表す語形（「形態論的な形」）を示したものである. これらを述語とする文の主語は動作主体だろうか.

(a)　原動詞：書く，ほめる

(b)　狭義の語形変化

(b-1)　屈折的な手段（-e-の挿入，-o の付加）：書ける　ほめよう

(b-2)　膠着的な手段（助詞の付加）：ほめると，書いて，ほめれば，書きつつ，ほめるのに，等

(b-3)　膠着的な手段（助動詞の付加）：ほめた，書きます，ほめない，書くらしい，ほめるようだ，書きたい，等

(c)　文法的な派生：ほめられる（受身・自発・可能・尊敬)，書かせる

(d)　文法的な組み合わせ：書いている，ほめておく，書いてある，ほめてみる，書いてしまう，ほめてやる，書いてくれる，ほめてもらう，等

(e)　文法的な複合：書き始める，ほめ続ける，書き終える，ほめ合う，等

(f)　文法的な組み立て：書くことができる，ほめたばかりだ，書こうとする，等

いま，それぞれの語形について，「花子がほめられる」「花子がほめた」「花子がほめると〜」「花子がほめている」……という文を作ってみると，主語が動作主体でない文のみを作るのは，「ほめられる（V-(ラ) レル)」の受身用法と「ほめさせる（V-(サ) セル)」，そして「ほめてもらう（V-テモラウ)」だということがわかる. この三つは動作主体でないものを主語にする文をつくる

---

[2] 単語がどんな物や動きや状態をさすかという，いわば辞書で説明されているような意味をその単語の「語彙的な意味」というのに対して，単語が文の中で他の単語とどのような関係にあるか（主体，対象，手段，等)，話し手が事態をどのように捉えているか（断定，推量，勧誘，等）を表す意味を「文法的な意味」という.

という点で，動作主体を主語にした文をつくる他の諸形とは異なる特徴を有している．2.1節でみたような表現ができるのは，V-(ラ) レルと V-(サ) セルがこのような性質をもつからである．では，これらの文の主語は，動作主体でないとするとどのような性質をもっているのだろう．次の文で考えてみる．

【受身文（V-(ラ) レル文）】

　　「太郎が先輩になぐられる」「花子が先輩から辞書を譲られる」「太郎が先生に作文をほめられる」「国会が開催される」「選手達が練習中に雨にふられる」「山田氏はまた新人に特別賞をとられてしまった」

【使役文（V-(サ) セル文）】

　　「部長が部下に{命じて：頼んで：言いつけて}資料を集めさせる」「母親が子供を{おだてて：叱りつけて：諭して}食器を洗わせる」「太郎が{真っ赤なスーツを着てきて：突然結婚すると言いだして}みんなを驚かせる」「激しい練習が選手達を疲れさせる」「円安が観光客を増加させる」

【テモラウ文】

　　「太郎が監督にほめてもらった」「太郎が先輩から仕事を教えてもらった」「花子が京子に荷物を運んでもらう」「太郎が弟に銀行へ行ってもらう」

　これらをみると，受身文の主語は「動作[3]の影響の被り手」，使役文の主語は「動作の引きおこし手」，そしてテモラウ文の主語は「動作による恩恵の受け手」という文法的な意味だとおおまかにいうことができる．

　　原動文：動作主体を主語にして述べる文

　　受身文：動作の何らかの影響の被り手を主語にして述べる文

　　使役文：動作の引きおこし手を主語にして述べる文

　　テモラウ文：動作による恩恵の受け手を主語にして述べる文

　このように，動詞の形態論的な形とそれを述語とする文の主語との関係の異同という点でこれら4種の文にはまとまりをみることができる．ただ，このうち V-テモラウ は動詞のテ形と補助動詞との組み合わせであって，「書いて{は／も／さえ／まで}もらった」のように，そのままの形で間に係助詞を入れら

---

[3] ここで「動作」という用語は，「書く，ほめる，歩く」といった人の意志的な動作だけでなく，「驚く，悩む」といった心理的変化，「疲れる，酔う」といった生理的な変化や，「(雨が) ふる，(風が) 吹く」のような現象のことも含む．

れる点で，助動詞の添加である「ほめられる」「書かせる」に比べて一語とし
てのまとまりが弱い[4]．また，テモラウ文は主語（恩恵の受け手）も動作主体
もほぼ人に限られること（「＊窓があけてもらっている（cf. あけられている）」
「？花に囲んでもらって暮らす（cf. 囲まれて）」「？雨にふってもらう（cf. ふら
れる）」，そして，V-テモラウとV-テイタダクという待遇性の異なる2つの語
形があることも，受身文や使役文と異なっている．

　こういったことから日本語では，原動文・受身文・使役文の間にみられる述
語動詞の形態論的な形と主語の文法的な意味との間にみられる関係をひとつの
体系と捉え，これをヴォイスとみなすことができる．つまり，日本語のヴォイ
スを，文の主語が動詞の表す動きの主体であるかそうではなく被り手や引きお
こし手等であるかという，主語をめぐる文構造のあり方の体系であり，それが
述語動詞の形態論的な形に支えられているという点でまずは動詞の形態論的な
カテゴリーであるとともに，文の機能的な構造（主語・ヲ格補語・ニ格補語等）
と文法的な意味の構造（主体・被り手・引きおこし手等）との一致とずれの体
系だという点で構文論的なカテゴリーでもあるとする捉え方である．

2.3　原動文・受身文・使役文による事態把握

　原動文・受身文・使役文が上のような性質をもつことから，これらはそれぞ
れにふさわしい事態把握の表現に使うことができる．

　たとえば，〈コーチガ太郎ヲホメル〉という動作があるとする．そして，そ
のことが実は，他の人（たとえば「監督」）が「コーチ」に働きかけて引きお
こすことであったり，またそのことによって誰か（たとえば「次郎」）が間接
的な影響を被るということもあるだろう．このとき，動作主体「コーチ」を主
語として原動文（a）で述べるほか，動作対象であり直接的な影響の被り手で
ある「太郎」を主語とした受身文（b），引きおこし手「監督」を主語とした
使役文（c），影響の間接的な被り手「次郎」を主語とした受身文（d）で述べ
ることもできる．また，「太郎」が実は，「コーチ」に「（太郎を）ほめる」こ

---

[4]「ほめられる」「書かせる」は，「ほめ{は／さえ}される」「書き{は／も}させる」のような形ならば
できるが，動詞と助動詞の間に係助詞を直接入れることはできない．

とを頼んでいたという事態だとすれば，それは動作対象でもあり引きおこし手
でもある「太郎」を主語とする使役文（e）で述べることができる．

(a) <u>コーチが</u>太郎をほめる．（動作主体が主語）

(b) <u>太郎が</u>コーチにほめられる．（動作対象・影響の被り手が主語）

(c) <u>監督が</u>コーチに太郎をほめさせる．（引きおこし手が主語）

(d) <u>次郎は</u>コーチに太郎をほめられる．（影響の被り手が主語）

(e) <u>太郎が</u>コーチに頼んで自分をほめさせる．（動作対象・引きおこし手が
主語）

もうひとつ，〈A社ガ大臣ニ現金ヲオクル〉という動作（「大臣」は動作の相
手としての影響の被り手）について，これを引きおこす人（たとえば「秘書」），
動作によって影響を被る人（B社）がある場合を考えてみる．この場合も，こ
れに関わるいろいろなものを主語にして下のような文で述べることができる．

(f) <u>A社が</u>大臣に現金をおくる．（動作主体が主語）

(g) <u>現金が</u>A社から大臣におくられる．（動作対象・影響の被り手が主語）

(h) <u>大臣が</u>A社から現金をおくられる．（動作相手・影響の被り手が主語）

(i) <u>秘書が</u>A社に頼んで大臣に現金をおくらせる．（引きおこし手が主語）

(j) <u>B社が</u>A社から大臣に現金をおくられる．（影響の被り手が主語）

(k) <u>大臣が</u>A社を脅して自分に現金をおくらせる．（動作相手・引きおこ
し手が主語）

これらに対して〈雨ガフル〉という自然現象の場合はどうだろう．これを人
が引きおこすことは普通できないが，「梅雨前線」が原因となって降雨が引き
おこされるとみることもできるとすれば，次のような文による表現ができる．

(l) 雨がふる.（動作主体が主語）

(m) 梅雨前線が雨をふらせる.（引きおこし手が主語）

(n) 選手達が雨にふられる.（影響の被り手が主語）

　上の種々の文にみられるような，ある事態の叙述において，動作に直接あるいは間接に関わる複数の要素のうちどれを主語にしどの語形を述語にして述べるかという点で多様性（バリエーション）があるという日本語の現象は，前節の最後に述べたヴォイスの捉え方をすることでわかりやすくなる.

　なお，上の諸文のなかで，「(a) コーチが太郎をほめる」と「(b) 太郎がコーチにほめられる」，「(f) A社が大臣に現金をおくる」と「(g) 現金がA社から大臣におくられる」と「(h) 大臣がA社から現金をおくられる」とは，それぞれ文の要素の数が同じであり，いわゆる「同一事態を表す複数の文」である.しかし，「(a) コーチが太郎をほめる」と「(c) 監督がコーチに太郎をほめさせる」，「(f) A社が大臣に現金をおくる」と「(j) B社がA社から大臣に現金をおくられる」，「(l) 雨がふる」と「(n) 選手たちが雨にふられる」等，同一事態を表すとはいえない関係も少なくない.本章のようなヴォイスの捉え方からすると，ヴォイスの現象は同一事態性を含んでさらに広いといえる.

2.4　テモラウ文のヴォイスにおける位置づけ

　テモラウ文の主語の性質は，2.2節で述べたように動作による恩恵の受け手であるが，テモラウ文の表す事態には，恩恵を受けるために他者に積極的に働きかけてその動作を引きおこすことによって恩恵を受ける場合や，働きかけはしないまま消極的に恩恵を受ける場合がある.それぞれを表現するテモラウ文の主語には，恩恵の受け手性とともに，前者では引きおこし手性が，後者では影響の被り手性が感じられて，各々が使役文，受身文と近くなることがある.

　・太郎は後輩に頼んで荷物を運んでもらった. cf. 運ばせた

　・徹は思いがけず先生にほめてもらってうれしかった. cf. ほめられて

　そしてさらに，受身文・使役文・テモラウ文には，次のような表現上の特徴

をみることができる．たとえば，〈マフィアガ大統領ヲ殺ス〉という動作を，その直接的な成立要素ではない「副大統領」を主語にし，V-(ラ) レル，V-(サ) セル，V-テモラウを述語にして次のように述べるとする．それぞれの文では，話し手が主語者（副大統領）とその動作をどのような関係だと捉えているのか―影響の間接的な被り手と捉えているのか，引きおこし手と捉えているのか，恩恵の受け手と捉えているのか―が述語の形で表現し分けられている．

・<u>副大統領</u>はマフィアに大統領を｛ 殺された．
殺させた．
殺してもらった．

　1枚の写真があって〈オバアサンガ座ッテイル．男ノ子ガソノオバアサンノ肩ヲモンデイル〉という情景が写っているとする．これを「おばあさん」を主語にして一つの文で述べようとする時，話し手の捉え方の違いによって，V-(ラ) レルで述べたり V-(サ) セルや V-テモラウで述べたりすることになる．

　・<u>おばあさん</u>が孫に肩を｛もまれて：もませて：もんでもらって｝いる．

　次の文も，それぞれの形によって表すのがふさわしい状況があるだろう．

　・<u>徹</u>が｛妻に家へ帰られる：妻を家へ帰らせる：妻に家へ帰ってもらう｝．

　・<u>両親</u>はその話を子供たちには｛きかれたく：きかせたく：きいてもらいたく｝なかった．

　ところで，テモラウ文は，テヤル文・テクレル文とともに授受表現としてまとめられることがある．

　・<u>花子</u>が太郎に手伝ってもらう．vs. <u>太郎</u>が花子を手伝ってやる．

　<u>私</u>が太郎に手伝ってもらう．vs. <u>太郎</u>が私を手伝ってくれる．

　これをヴォイス的な観点からみると，テモラウ文は主語が動作主体ではなく恩恵の受け手である文であるのに対し，テヤル文・テクレル文は主語が動作主体であり恩恵の与え手でもある文だといえる．文の主語の性質をこのように考えると，テモラウ文とテヤル文・テクレル文は，原動・受身・使役からなるヴォイス体系を恩恵性の面で補っている周辺的なヴォイスということができる．

<u>主語が動作主体</u>		<u>主語が動作主体でない</u>
原動文	⇔	受身文，使役文
テヤル文，テクレル文	⇔	テモラウ文

2.5　日本語のヴォイスの射程

　2.2節で動詞の広義の語形とそれを述語とする文の主語が動作主体であるか否かを考えたが，最後にいくつか補足してヴォイスの射程を考えてみる．

（ア）主語が常に動作主体ではない文

　主語が常に動作主体ではない文としては，受身文・使役文・テモラウ文のほかに，実は自発文もそうである．

　　・この写真を見ていると<u>昔のこと</u>が思いだされる．

　　・彼の作文には仕事への<u>意気込み</u>が感じられる．

　2.2節でこれに触れなかったのは，現代語ではV-（ラ）レルが自発の意味で用いられるのは「思う，思い出す，偲ぶ，感じる，案じる」など人の心情を表すごくわずかな動詞に限られることによる．

（イ）主語が動作主体でないことも動作主体であることもある文

　可能文（V-（ラ）レル文，V-e-ru文，V-コトガデキル文）を，人がある動作を行う能力を有することを表す文だと考えると，可能文の主語は動作主体である．

　　（a）　<u>太郎は</u>｛どこでも寝られる：一人でも遊べる：琴をひくことができる｝.

　また，その事物にある動作を受け入れる性質があることを表す次のような文も可能文だと考えられ，その主語は動作主体ではない．

　　（b）　このきのこは食べられる．　この川は泳げる．

　次に，テアル文の主語は下の（a）では動作主体だが，（b）では動作主体でない．

　　（a）<u>私は</u>駅前のホテルを予約してある．　<u>彼は</u>妻に8時に帰ると言ってある．

　　（b）床に絨毯が敷いてある．　鍵がかけてある．

（ウ）主語が動作主体ではあるものの，別の文法的な意味をもつなどしてヴォイス性もうかがわせる文

　相互文（V-アウを述語とする文）の主語は，動作主体でもあり動作対象でもあるという性質がある．

　　・<u>太郎は</u>次郎となぐりあった．　<u>業者と住民が</u>話しあった．

　また，使役受身文（V-（サ）セラレル文）の主語は，動作主体であるとともに，

他者から動作を行うよう働きかけられるという意味で影響の被り手でもある.

・<u>太郎</u>は係員にスーツケースをあけさせられた.

このようにみてくると，自発文，可能文，テアル文，相互文，使役受身文は，本章で述べている意味でのヴォイス的な性質がなんらかにうかがえるものの，ヴォイスとみとめるとしてもかなり周辺的なものである．最後に二つ確認しておく．V-(ラ) レルを述語とする「<u>部長</u>はもう帰られました」のような尊敬文は主語が常に動作主体であり，ヴォイス的には原動文と同じである．また，「<u>太郎が</u>目をつぶる」「<u>太郎が</u>靴をはく」のような再帰文は，動作が動作主体に向かうことで動作主体自身に変化が生じることを表すので，主語は動作主体であるとともに変化主体でもある．しかし日本語には再帰を表す特別な語形があるわけではないので，日本語では再帰はヴォイスの現象といえない.

2.6　形態的な対応のある他動詞と自動詞

日本語にはいわゆる語根を等しくする他動詞と自動詞の対が少なからずあり[5]，これらは語彙的なヴォイスとされることがある.

　まげる：まがる，ひやす：ひえる，かえす：かえる，ふさぐ：ふさがる，

　しずめる：しずむ，たおす：たおれる，おとす：おちる，おる：おれる

　これらの動詞対による文として次のような他動詞文と自動詞文の対がある.

・<u>先生が</u>生徒を家に帰す．：<u>生徒が</u>家に帰る.

この文で，他動詞文の主語（先生）も自動詞文の主語（生徒）も動作主体だといえる．ただ「先生」は〈生徒ガ家ニ帰ル〉ことの引きおこし手とみなすこともでき，その点で他動詞文の主語は自動詞使役文の主語と似た性質である．一方，自動詞文の主語（生徒）は，〈先生ガ生徒ヲ家ニ帰ス〉ことによる影響の被り手ともみることもでき，そうすると，自動詞文の主語は他動詞受身文の主語と似た性質といえる.

・<u>先生が</u>生徒を家に {帰す（Vt）≒帰らせる（Vi-(サ) セル)}.

　：<u>生徒が</u>家に {帰る（Vi）≒帰される（Vt-(ラ) レル)}.

---

[5]「おしえる：おそわる」「あずける：あずかる」「さずける：さずかる」のように，他動詞と他動詞の間に形態的な対応がみられるものもわずかだが存する.

次のような対にも同様の性質がうかがえる.

・花子が一円玉を水に{沈める≒沈ませる}.

　：一円玉が水に{沈む≒沈められる}.

・花子が針金を曲げる：針金が{曲がる≒曲げられる}

　現代語において，上のような対の動詞は別々の動詞であって一つの動詞の語形とはいえないが，これらを述語にする文の性質には原動文・受身文・使役文との類似があるのはたしかである．動詞の語形の歴史的変化のなかで考えることによって，他動詞・自動詞も含めたヴォイス体系がみいだせるかもしれない.

2.7　お　わ　り　に

　この章では，日本語のヴォイスを主語が動詞の表す動作にとってどのような性質のものかを表す形態論的かつ構文論的なカテゴリーだとする立場（2.2節）から，原動文・受身文・使役文，そしてテモラウ文その他ヴォイス性のうかがえる文について，その性質と相互の関係を体系としてみようとした．一方，日本語以外の言語と対照して考えるときなどには，ヴォイスを意味的なカテゴリーとみるほうがふさわしい可能性もあり，同一事態を表す複数の文のまとまりをヴォイスだとする立場もありえて，それぞれにおいてどのような現象をヴォイスとみなすかが異なってくる．ヴォイスの本質と射程の解明にはまだまだ興味深い問題が残っている.　　　　　　　　　　　　　　　　　[早津恵美子]

【参考文献】

川村　大（2012）『ラル形述語文の研究』くろしお出版

柴谷方良（2000）「ヴォイス」仁田義雄・益岡隆志（編）『日本語の文法 1 文の骨格』pp. 117-186，岩波書店

鈴木重幸（1996）『形態論・序説』むぎ書房

高橋太郎（1985）「現代日本語のヴォイスについて」『日本語学』4-4，明治書院（高橋太郎 1994『動詞の研究』むぎ書房，pp. 141-165 に再録）

寺村秀夫（1982）『日本語のシンタクスと意味第Ⅰ巻』くろしお出版

野村剛史（1990）「動詞の自他」「ボイス」『日本語学』9-10，pp. 65-73，明治書院

早津恵美子（2016）『現代日本語の使役文』ひつじ書房

山田敏弘（2004）『日本語のベネファクティブ－「てやる」「てくれる」「てもらう」
　　の文法－』明治書院

　本稿はこの「第2章 ヴォイス」のために執筆し，2017年3月に朝倉書店に提出し
た原稿をもとにしている．諸般の事情でいったんこの本の刊行のめどがたたない状
況となった時期に，朝倉書店および編集主幹の許可を得，また，東京外国語大学語
学研究所の関係の先生方に事情をご理解いただいて，元の原稿にかなり加筆したも
のを『語学研究所論集』第24号に投稿し掲載していただいた（2020年3月刊行，6
月Web公開）．その後，本書の製作が始まったということで2020年5月に初校の校
正刷を送ってくださった．脱稿から3年以上がたち，また『語学研究所論集』の拙
稿との重なりが気になったが，校正の期間が限られていたため大幅な改稿はできず
趣旨の似たものとなっている．元の原稿からの上のような事情によるものでありご
理解いただければ幸いである．

3 テンス・アスペクト

本章では，他の言語（中国語・韓国語）とも比較しながら，日本語のテンス・アスペクト（の特徴）について概観する．

3.1 テンス（時制）

テンス（tense）は，事象の時間軸上の位置を表示するカテゴリーである．日本語では，述語の非タ形（ル形）とタ形が「非過去（現在・未来）―過去」の対立を構成する．

述語には，時間の流れにそった動的な展開過程を持つ動的事象（出来事：動作または変化）を表す動態述語と，動的な展開過程を持たない静的事象（状態）を表す状態述語がある．動態述語の非過去形（非タ形）は，未来の一回的な動作・変化，現在有効な法則・習慣を表す（例1）．状態述語の非過去形は現在の状態を表す（例2）．

(1) （非過去：現在・未来）

    a. 明日は家で休む．　[現在から切り離された未来の出来事]

    b. 今からごはんを食べる．　[現在とつながる未来の出来事]

    c. 水は 100 度で沸騰する．　[現在有効な法則]

    d. 私は毎晩 10 時に寝る．　[現在有効な習慣]

(2) a. 今家にいる．　[現在の状態]

    b. 私は英語が少し話せる．　[現在の状態（能力の所有）]

動態述語の過去形（タ形）は，過去の一回的な動作・変化，過去の法則・習慣を表す（例3）．状態述語の過去形は過去の状態を表す（例4）．

(3)（過去）

 a. 昨日は家で休んだ.　　［現在から切り離された過去の出来事］

 b. ごはんはもう食べた.　　［現在とつながる過去の出来事］

 c. 私は以前は毎晩10時に寝た.　　［過去の習慣］

(4) a. 昨日は家にいた.　　［過去の状態］

 b. 私は以前はもっと英語が話せた.　　［過去の状態（能力の所有）］

　テンスには，発話時を基準とする「絶対テンス」と，主節事態との時間的関係を表す「相対テンス」がある．主節のテンスは絶対テンスである．従属節のテンスは，絶対テンスの場合（例5）と相対テンスの場合（例6）とがある．

(5) a. 明日どこに行く_{発話時以後}か考えているところだ.

 b. 昨日の大会で優勝した_{発話時以前}人は，以前にも別の大会で優勝した.

(6) a. 昨日はどこに行く_{主節時以後}かでずいぶん迷った.

 b. 明日の大会で優勝した_{主節時以前}人が，来月の世界大会に出場できる.

　次のようなタ形は，テンスというよりは話者の気持ちを表すといわれることがあるが（ムードのタ），いずれも過去（発話時以前）という線で説明できる．

(7) あ，あった！（発見：発話時直前の観察結果を述べる.）

(8) なんだ，ここにあったのか.（過去の認識の修正：正しい情報を入手すべきだった過去の場面にさかのぼって情報を修正する.）

(9) この本は昨日からここにあった.（遡及的過去：現在の状態が「昨日」までさかのぼれることを述べる.）

(10) そういえば明日は休みだった.／これ，誰のだったっけ？（思い出し：情報を入手した場面にさかのぼって情報を検索する.）

(11) あの時まじめにやっておけば，今ごろ楽できたのに.（反事実的条件の帰結：現実の状況が決定づけられた過去の場面にさかのぼって，現実とは逆の条件－結果の結びつきを述べる.）

　タ形には，「明日は休んだほうがいい」，「さっさと帰った，帰った」のような説明が難しい用法もある．

3.2　アスペクト（相）

アスペクト（aspect）という用語の内容は，研究者によって，また言語によって異なる．ここでは，動態述語の「非状態（スル・シタ）—状態（シテイル・シテイタ）」の対立を日本語のアスペクトと考える．状態述語はアスペクト的には状態を表す．

非状態形（スル・シタ）は，動作・変化の過程全体を時間軸のある時点に位置づけることを表す．状態形（シテイル・シテイタ）は，動作・変化の実現後の状態をある場面の属性として位置づけることを表す．

(12) a.　さっき新聞を読んだ.　　　　　　b.　さっき新聞を読んでいた.

日本語の状態形は，存在動詞が文法化した「テイル・テイタ」が「動作・変化の実現後の状態」という意味を担い，前接する動詞の意味的性質に応じて具体的な意味が決まる．継続の意味を含む動詞句のシテイルは「（動作開始後の）動作継続」を表し，完了の意味を含む動詞句のシテイルは「（変化完了後の）結果状態」を表す．後者は，完了後の結果状態の維持（元に戻らずにそのまま続く）が想定できる動詞句の場合は「結果状態維持」を表し，結果の維持が想定できない動詞句の場合は「結果状態残存」を表す．

(13) a.　バスを待っている.　　[動作継続]

　　　　（「待つ」動作が開始されて，動作が継続されている状態）

　　b.　ドアが開いている.　　[結果状態維持]

　　　　（「開く」変化が完了して，その結果が維持されている状態）

　　c.　ガラスが割れている.　　[結果状態残存]

　　　　（「割れる」変化が完了して，その結果が残存している状態）

動詞によっては，シテイルが動作継続と結果状態の両方を表しうる.

(14) 花子が着物を着ている.（着ている最中だ．／着たままの状態だ.）

当該の事物が出現した（つくられた）際に同時に備わった属性，あるいは複数の個体により形づくられる状態も，変化の結果状態として述べられる．

(15) a. 道が曲がりくねっている．

b. 窓が東の方を向いている．

c. 多くの店が並んでいる（集まっている）．

シテイル・シテイタは，(13)〜(14) のように一回的な動作の継続状態，一回的な変化の結果として生じた状態を表すほか，次の (16) のように複数の出来事により構成される継続状態を表すこともできる．

(16) a. 再開発で新しいビルが次々と建てられている．　［反復的継続］

（「新しいビルが建てられる」ことが反復される形で続いている．）

b. 彼は毎晩 10 時に寝ている．　［習慣的継続］

（「10 時に寝る」ということが習慣として続いている．）

シテイル・シテイタには，出来事が基準時までに実現済みであることを表す用法（例 17），出来事を基準時までの履歴の一部として述べる用法（例 18）もある．これらは当該の出来事と基準時との関係を述べるものであり，動作・変化の効力や痕跡の残存（パーフェクト）と説明されることもある．

(17) a. 彼はもう大学を卒業している．

b. 帰宅したときはすでに 12 時を回っていた．

(18) a. 彼はこの作品で 2015 年度の芥川賞を受賞している．

b. 彼は以前論文で次のようなことを書いている．

c. 私はそれまでにも何回か彼のことは聞いていた．

名詞修飾節では，「た」で状態が表されることがある．

(19) a. とがっ<u>た</u>鉛筆．（＝とがっている鉛筆）

b. 曲がりくねっ<u>た</u>道．（＝曲がりくねっている道）

3.3　テンス・アスペクトと否定

スルの否定形シナイには，① 未来において動作・変化が実現される予定や見込みがないことを表す場合（例 20）と，② 現在動作・変化が実現される様子がないことを表す場合（例 21）がある．

(20) バスは今日は来ない.

(21) （バスが来るかどうか気にしながら）

　　　おかしいなあ. （なかなか）来ないなあ.

　シタの否定形シナカッタは, 想定された区間内に当該の動作・変化が実現されなかった（実現されないまま終わった）ことを表す.

(22) 昨日は（結局）誰も来なかった.

　シテイルの否定形シテイナイは, 一回的な動作・変化が未実現であることを表す場合（例23）と, 過去の履歴に当該の出来事が含まれないことを表す場合（例24）がある.

(23) バスは（まだ）来ていない.

(24) 昨日は誰も来ていない.

　シタの否定形シナカッタが「しないまま終わった」という意味を表すため, 動作・変化が実現される可能性が残されている場面では, シテイルの否定形シテイナイを用いる必要がある.

(25) A：バス, （もう）来た？

　　　B：いや, まだ来ていない（# 来なかった）.

　過去の出来事について「そのような覚えはない」, 「そのようなことはありえない」という気持ちで否定する場合も, シテイナイを用いる必要がある. シナカッタを用いると, その出来事が起こる可能性があったことになる.

(26) A：あなた, 私の携帯, 勝手に使ったでしょう？

　　　B：いや, 使っていません（# 使いませんでした）.

3.4　日本語のテンス・アスペクトの特徴

3.4.1　アスペクトの基本的性格, 動詞の意味との関係

　日本語は文法カテゴリーとしてのテンスをもつ言語であり, アスペクトも出来事と時間の関係（出来事全体を時間軸に位置づけるか, 実現後の状態を場面の属性として位置づけるか）に関わる表現である（例12参照）. 動詞句の意味的性質は, 状態形の意味解釈には関係するが, 非状態形・状態形の成立の可否には関係しない（例13, 14参照）. これは, 無テンス言語である中国語の完了・

継続（維持）の表現が，動詞句が表す事象の形（完了点としての区切りがある
かないか）を現実のものとして表すだけであり，動詞句の意味的性質によって
完了形・継続（維持）形の成立の可否が決まるのとは大きく異なる．

(27) a.　彼はバスを{待った／待っている_{動作継続}}.

　　　b.　他{＊等了 ／ 在　 等} 公交车.　 ［等：継続あり，完了なし］
　　　　　彼　待つ-完了　 継続 待つ　 　バス　　　　待つ

　　　　cf. 他等了一会儿公交车.（私はバスを<u>少しの間</u>待った.）

(28) a.　ドアが{開いた／開いている_{結果状態維持}}.

　　　b.　门 {开了 ／ 开着}.　 ［开：完了の後に状態維持あり］
　　　　　ドア 開く-完了　開く-維持　 　開く

(29) a.　ガラスが{割れた／割れている_{結果状態残存}}.

　　　b.　玻璃 {碎了 ／ ＊碎着}.　 ［碎：完了の後に状態維持なし］
　　　　　ガラス 割れる-完了 割れる-維持　 割れる

3.4.2　日本語の状態形の意味範囲の広さ

　日本語では，動作継続と結果状態がともにシテイル・シテイタで表される．
韓国語のテンス・アスペクトの体系は日本語とよく似ており，存在動詞「있다
（いる・ある）」を用いて状態形をつくる点も同じだが，動作継続は「動詞語幹
＋고（て）있다（いる）」，結果状態は「動詞連用形＋있다（いる）」のように
異なる形をとる（日本語でも，方言では動作継続は「シヨル」，結果状態は「シ
トル」のように異なる形をとることがある）．

(30)　버스를 기다리고 있다.（バスを待っている.）［動作継続］
　　　バスを　 待って 　 いる

(31)　문이 열려 있다.（ドアが開いている.）［結果状態］
　　　ドアが 開き いる

(32)　유리가 깨져 있다.（ガラスが割れている.）［結果状態］
　　　ガラスが 割れ いる

　シテイル・シテイタが，一回的な状態だけでなく，複数の出来事により構成
される継続状態（例16）や，出来事と基準時との関係（基準時までに実現済み：
例17，基準時までの履歴の一部：例18）を表しうることも，日本語のアスペ
クトの重要な特徴である．中国語の継続形"在 V"は，一回的な動作が継続中
であることを表し，規則的な習慣は頻度表現と動詞の組み合わせで表す．反復
的継続も反復の様態を表す表現と動詞の組み合わせで表す．

(33) a.　彼は毎晩 10 時に寝る（寝<u>ている</u>）．　　[習慣]

　　　b.　他　毎天　晩上　十点　睡覚（＊<u>在</u>　睡覚）．
　　　　　彼　毎日　晩　10時　寝る　　　継続　寝る

(34) a.　再開発で新しいビルが次々と建て<u>られている</u>．　　[反復的継続]

　　　b.　开发区　的　大楼　一座　又　一座地　拔地而起．
　　　　　開発区　の　ビル　一棟　また　一棟と　　建つ

　　韓国語のシテイル相当形式は，反復的継続・習慣的継続は表しうるが，実現済み・履歴の用法はない．実現済みあるいは履歴の一部としての出来事は，過去の出来事として「했다ヘッタ（シタ）」で述べられる．

(35) a.　太郎は 1985 年に大学を<u>卒業している</u>.

　　　b.　타로는タロヌン　1985 년에ニョネ　대학을テハグル　졸업했다チョロペッタ.
　　　　　太郎は　1985　年に　　大学を　　卒業した

3.4.3　非状態形と状態形の意味

　　日本語の非状態形と状態形の意味（および両者の使い分け）は，韓国語と比較することにより明確になる部分が多い．

　　【非状態形】日本語の非状態形は「時間の流れにそった動的な展開」という意味が明確だが，韓国語の非状態形は動的な意味が希薄である．例えば，韓国語では「한다ハンダ（スル）」が現在の動作を表しうるが（例 36, 37），日本語のスルが現在の動作を表すのは，動作の動的な展開を追いながら述べる場合（例 38），あるいは眼前の動作の属性を述べることに重点を置く場合（例 39）であり，現在の動作を表すには通常シテイルを用いる．

(36)（何か動作をやっている相手に）

　　　a.　何{しているの／#するの}？

　　　b.　뭐モォ{해ヘ／하고ハゴ 있어イッソ}？
　　　　　何　する　して　いる

(37)（眼前で雪が降っているのを見て）

　　　야ヤ, 첫눈이チョンヌニ 내리ネリ는ヌン군요グンニョ.（やあ，初雪が降っているよ.）
　　　やあ　初雪が　　　降るよ

（『コスモス朝和辞典』第 2 版）

(38)（餅を手でのばしながら）

　　　お，のびる，のびる．

(39)（雨が降り続くのを見ながら）

　　　よく降るなあ.

　また, 日本語では, シタを用いた (40a) は来日までの経過（経歴, 来日準備過程など）を問う文になり, 来日前の身分・職業を問う場合は (40b) のようにシテイタを用いる. 韓国語では,「했다（シタ）」を用いても来日前の身分や職業を問う文になりうる（例 41）.

(40)　a.　日本に来られる前は, 何をしましたか?

　　　b.　日本に来られる前は, 何をしていましたか?

(41)　일본에　오시기　전에는　무엇을　하셨습니까?
　　　日本に　　来られる　　前には　　何を　　　されましたか

　次の現象も, 日本語の非状態形が動的な意味が強いことと関係する.

(42)（近づいてきた見知らぬ人が酒臭いのに気づいて横の友達に）

　　　a.　お酒飲んでる (# 飲んだ).

　　　b.　술　마셨다.
　　　　　お酒　飲んだ

　日本語のシタは, 動的な意味が明確なため, 話者が動作・変化の実現過程をまったく把握していない場合は使いにくい. (42) でも, 話者は当該の人物が酒を飲んだ経過はまったく知らず, 酒臭いという結果しか知らないので, シテイルを用いなければならない. 韓国語の「했다（シタ）」は動的な意味が希薄なため, 話者が動作・変化の実現の過程を把握していなくても使える.

　【状態形】韓国語の状態形は「場面説明」的な意味が明確だが, 日本語の状態形は場面説明的な意味は希薄である.

(43)（待ち合わせ場所に遅れてやってきた妻が, 先に来ていた夫に）

　　　ごめんなさい.

　　　a.　銀行でお金を {# おろしたの／おろしてたの}.

　　　b.　은행에서　돈을　{ 찾았어요 ／ # 찾고　있었어요 }.
　　　　　銀行で　　お金を　引き出しました　引き出して　いました

　この場合, 話し手が言いたいのは,「金をおろすのに時間がかかって遅れた」ということである. シタは動的な意味が強く, (43) の場面で「おろした」と言うと,「金をおろした→その結果遅れた」のように, 銀行に寄ったことが遅れた直接の理由になる.「おろしていた」を用いるのは, そのような動的な意

味が生じないようにするためである.

韓国語の場合, (43) では非状態形「찾았다 (おろした)」^{チャジャッタ}と言えばよく, む
しろ状態形「찾고 있었다 (おろしていた)」^{チャッコ イッソッタ}は使いにくい. 状態形を使うとす
れば, 次の (44) のように, 特定の場面について説明を加える場合である (そ
の点, 日本語の「シテイルところだ」に近い).

(44) (「さっき銀行で何をやっていたの?」と聞かれて)

    a. お金をおろしてたの (おろしていたところだったの).

    b. 돈을　찾고　있었어요.
       トヌル　チャッコ　イッソッソヨ
       お金を 引き出して いました

3.4.4　過去形の使用のタイミング

日本語の過去形 (タ形) の意味, ならびに非過去形との使い分けも, 韓国語
と比較することにより明確になる部分が多い.

一般に, 過去形の使用のタイミングは, 韓国語より日本語のほうが早い.

(例 1) 日本語では, 食事を食べ終わった直後に「ああ, おいしかった!」
と言える. 韓国語で「맛있었다 (おいしかった)」^{マシッソッタ}と言えるのは, 食事の場面
が終わって次の場面に移行した後に感想や評価を述べる場合である.

(例 2) 日本語では, バスが来るのが見えれば, 「来るのが見えた」という気
持ちで「来た」と言えるが, 韓国語では, バスが来るのを見ている間は,「来
るのが見える」という気持ちで「온다 (来る)」^{オンダ}と言う.

(45) (自分が乗るバスが来るのが見えた)

    a. 来た, 来た.

    b. 온다, 온다.
       オンダ オンダ
       来る　来る

韓国語でも, バスが来るのが見えた段階で「왔다 (来た)」^{ワッタ}とは言えるが,
それは「やっと来た」,「来ないと思っていたら, 実際は来た」のように, バス
の到着にのみ関心があり, バスの移動に注意を向けていない場合である.

(例 3) 日本語では, 生まれたばかりの子どもの性別を過去形で報告するこ
とができるが, 韓国語では不自然である.

(46) (子供が生まれて，病院から実家の親に子供の性別を報告する)

    a. 男だよ． ／男だったよ（＝見たら男だったよ）．

    b. 아들이에요．／# 아들이었어요． （息子です．／息子でした．）
       男の子です　　　　男の子でした

この場合，「男だった」は，子どもを初めて見たときに見えたことを，「（見たら）男だった」という形で報告している．韓国語では，現存する事物の属性に言及する場合は現在形を用いる．

（例4）日本語でも韓国語でも，過去形「あった」，「있었다（あった）」を発見の文脈で用いることができる．ただし，日本語の場合は「ここにあるのが見えた！」という意味になるが，韓国語では「本当はここにあったのか」のように，話し手が過去の認識を修正するという意味になる．

(47) a. あ，ここにあった！（＝あるのが見えた！）［発見］

    b. 어，여기 있었네！（あ，ここにあったのか．）［過去の認識の修正］
      あ　ここに　あった-詠嘆

［井上　優］

【参考文献】

井上　優（2001）「現代日本語の「タ」―主文末の「…タ」の意味について―」，つくば言語文化フォーラム（編）『「た」の言語学』，97-163，ひつじ書房

井上　優・生越直樹・木村英樹（2002）「テンス・アスペクトの比較対照―日本語・朝鮮語・中国語―」『シリーズ言語科学4 対照言語学』，125-159，東京大学出版会

金水　敏（2000）「時の表現」『日本語の文法2 時・否定と取り立て』，3-92，岩波書店

工藤真由美（1995）『アスペクト・テンス体系とテクスト』ひつじ書房

定延利之（2004）「ムード「た」の過去性」『国際文化学研究』21，1-68，神戸大学国際文化学部

鈴木重幸（1996）『形態論・序説』むぎ書房

高橋太郎（1985）『現代日本語動詞のアスペクトとテンス』秀英出版

寺村秀夫（1984）『日本語のシンタクスと意味Ⅱ』くろしお出版

森山卓郎（1988）『日本語動詞述語文の研究』明治書院

4 モダリティ

4.1 文の本質的な特徴とモダリティ

　文には，その内容に出来事が描き出されている．文に描き出される出来事は，話し手が注目するなにものか（人や物）の動作や変化や状態である（「太郎がりんごをつぶしている」「木が倒れている」「足が痛む」）．また，文の内容には，なにものかに備わっている特徴，すなわち，質や特性，関係が描き出される場合もある（「彼は教師だ」「次郎はやせている」「花子は母親に似ている」）．このように，動作や状態，質や特性などの限られた意味的なタイプの中から一つを選んで文の内容がつくられる．

　だが，文は内容だけでできているのではない．文の内容となる出来事は，話し手から切り離されたところには存在できず，それは常に話し手の観点から何らかの意味づけを受け取っている．文の内容は，話し手が確認（認識）した出来事であり，期待している出来事，望ましい出来事である．話し手は，文を用いて，そうした出来事を相手に伝えたり，その実行を求めたりする．このように，文の内容は，話し手の立場から現実と関係づけられ，文には，現実に対する話し手の関係のしかた・態度が表現されている．これを「モダリティ（modality）」という．モダリティは，文の成立・存在にとって，欠かすことのできない本質的な特徴であり，文の内容の存在形式として，文の文法的な形として，それを文法的に特徴づける．文の完結性は，このことによって達成される．モダリティは，テンポラリティ（出来事の時間的位置づけ），人称性とともに，文の内容と現実との関係性である「陳述性（predicativity）」の要素であり，その中心をなす．

「おい」「まあ」「どろぼう！」などの一語文も，文である以上，モダリティをもつということになるのかという問題があるが，ここでは，この種の文は対象外とし，主語・述語の分化する二語文のみを扱う（なお，「来い」「すてき！」などは，主語が消去されたものと考え，対象とする）.

4.2　動詞のムード

モダリティの表現手段は多種多様であるが，形態論的なカテゴリーとしての「ムード（mood）」は，モダリティの中心的な表現手段である．現代日本語動詞の終止形には，表 4.1 のようなムード・テンス・アスペクト体系が存在している.

叙述法は，現実世界の出来事を話し手が確認（認識）し，聞き手に伝える叙法である．出来事の確認は，それの時間軸上の位置の把握とともに行われるので，叙述法は，形態的には過去形と非過去形というテンス形式と一体化していて無標的（unmarked）である．確認のしかたの観点から，叙述法には断定と推量の形が分化している．かつては，勧誘法と同じ形が推量のムード形式として用いられていたが，推量専用形式として「だろう」がそこから分化し，それに取って代わった．勧誘法と命令法は，その動作を引き起こすべく，話し手自身で決意したり，相手に働きかけたりする叙法である．勧誘法では動作の主体は一人称（決意）または一・二人称（勧誘）であり，命令法では二人称である.

表4.1　現代日本語の動詞終止形（MTA 体系）

ムード		テンス	アスペクト	
			完成相	継続相
叙述法	断定	非過去	読む	読んでいる
		過去	読んだ	読んでいた
	推量	非過去	読むだろう	読んでいるだろう
		過去	読んだだろう	読んでいただろう
勧誘法			読もう	読んでいよう
命令法			読め	読んでいろ

これらの叙法には，テンスの分化はない．述語となる形容詞や名詞には，勧誘法や命令法はなく，叙述法・断定と叙述法・推量のみが存在する．

4.3 文の通達的なタイプとモダリティ

　文は，一般に，叙述文（平叙文），命令文，疑問文などに分類されるが，この分類はモダリティの観点にもとづいている．ここでは，これに希求文を加え，文の通達的なタイプの体系を次のように整理しておく．

認識的な文
　叙述文：話し手が現実との関係の中に確認したことを聞き手に伝える．
　疑問文：話し手が現実との関係の中に確認できないこと，知りたいことを
　　　　　聞き手に尋ねる．

意志表示的な文
　希求文：現実に対する話し手の欲求，希望，願いなどを述べ立てる．
　命令・勧誘文：現実に対して話し手が欲求することを実現させるべく，実
　　　　　行を決意したり，聞き手に命令，勧誘，依頼したりする．

　認識的な文（叙述文と疑問文）とは，命題の事実性に対する態度を表す文であり，意志表示的な文（希求文と命令・勧誘文）とは，ポテンシャルな（まだ実現していない）事象への志向を表す文である．

　以下，この整理に従って，文のタイプごとにモダリティを解説していく．

4.4 認識的な文のモダリティ

4.4.1 認識的な文の概観
　認識的な文に共通する特徴は，構文的には，基本的に主語と述語からなるということであり，文の内容に関しては，時間的限定性，人称，テンポラリティに制限がないということである（一時的なこと（運動や状態）でも恒常的なこと（特性や質）でもよく，一人称のことでも二人称のことでも三人称のことでもよく，過去のことでも現在のことでも未来のことでもよい）．

　叙述文と疑問文とは，述べ立てるか，尋ねるかという，聞き手に対する態度

が異なるが，その前に，話し手の確認（認識）のしかた（事実性に対する話し手の態度）が異なっている．叙述文では，直接的または間接的に文の内容としての出来事が確認されているのに対して，疑問文では，話し手自身は確認を保留しし，聞き手にそれをゆだねている．

4.4.2　叙述文のモダリティ

a.　認識的ムード

叙述文とは，話し手が現実世界の出来事を確認して聞き手に伝える文であり，その文の内容には，話し手の確認した出来事が描き出され，一方，終止形述語の叙述法（indicative mood）には，出来事の確認のしかたが表現される．

述語となる単語においては，断定形（無標形式）と推量形（ダロウを伴う形）の対立があり，基本的に，話し手の確認のしかたの違いが表し分けられる．これを「認識的ムード」という．

・読む—読むだろう（動詞述語）

・忙しい—忙しいだろう（形容詞述語）

・学生だ—学生だろう（名詞述語）

認識的ムードとしての断定形と推量形の対立は，基本的には，現実世界の出来事に対する直接的な認識（経験や知識）か，経験的な知識や一般的な法則に媒介された間接的な認識（想像や思考）かという，話し手の確認のしかたの違いにもとづいている．現在や過去の個別具体的な出来事を新情報として聞き手に伝える場合には，

・雨が降りだした．／むこうの山でも雨が降っているだろう．

・昨日太郎に会った．／花子も太郎に会っただろう．

のように，断定の文は，話し手の感性的な経験に与えられるレアルな出来事を差し出し，推量の文は，想像の世界の出来事を差し出す．

ところが，未来の出来事や仮定された条件のもとで実現する出来事は，ポテンシャルであって，もはや直接的な経験によっては捉えようがないため，

・この分じゃ，明日は大雪に {なる／なるだろう}．

・タクシーで行けば，{まにあった／まにあっただろう}．

のように，断定形と推量形で確認のしかたに違いがなくなり，断定形は，話し

手の確信を表すようになる．さらに，質や特性といった人や物の恒常的な特徴
は，知覚・体験できず，思考による一般化の判断によって確認されるのである
が，このとき，断定形は，すでに確証されている判断だけでなく，

　・あの体型からして，彼は運動選手だ．

のように，発話時における推論にもとづく，確信的な判断を表す．このように，
レアリティや時間的限定性との相関によって，断定形もまた想像や判断を表す
ことがあり，断定形と推量形の対立は，確認のしかたの対立から，確かさの対
立に移行する．ただし，これは部分的な現象であり，断定形と推量形が表現す
るのは，基本的には，確認のしかたの違いであって，確かさの違いではない（確
かさについては後述）．

　以上のように，断定形が間接的な認識を表すケースとは逆に，

　・あそこに喫茶店があるだろう．休んでいこうよ．

　・さっき電話があったでしょう．誰からだったの？

のように，直接的な認識によって捉えられている事実に対して推量形が使用さ
れる場合がある．この場合，推量形を用いた文は，話し手と聞き手の共有情報
を提示し，談話構造上，主張，提案，質問等に対する前提や根拠として機能し
ている．その点で，この用法の推量形も，新情報の主張である断定形と，情報
構造の点で対立しているといえる．断定形と推量形は，出来事の確認のしかた
という認識的（epistemic）な側面において対立するだけでなく，聞き手に対
する伝え方という伝達的（communicative）な側面においても対立する．

　なお，疑問文における断定形と推量形は，

　・あの会社の株は買ったか？（答えを要求）

　・景気はよくなるだろうか？（問題提起あるいは意見を要求）

のように，聞き手に答えを求めるか否かで対立する．また，推量形（「でしょ
う」）は丁寧な質問にも使われる．

　・あの会社の株はお買いになりましたか？（答えを要求）

　・あの会社の株はお買いになったでしょうか？（より丁寧に答えを要求）

b.　認識的モダリティと証拠的モダリティ

　叙述文の内容に対する話し手の確認のしかた（判断）を「認識的モダリティ
（epistemic modality）」という．日本語における認識的モダリティの中心的な

表現手段は，上述の認識的ムード（断定形と「だろう」の対立）であるが，断定形とは直接対立しないものの，「かもしれない」や「にちがいない」も，認識的モダリティのメンバーであり，「だろう」とともに推量を表しながら，次のように確かさの違いを表し分ける．

　・彼はまだ会社にいるだろう．（確かさの程度は中立）

　・彼はまだ会社にいるかもしれない．（確かさの程度が低い）

　・彼はまだ会社にいるにちがいない．（確かさの程度が高い）

「だろう」の文で確かさを明示したいときは，「たぶん」「おそらく」「きっと」などの副詞を用いる．

　また，「だろう」と「らしい」は，

　・今5時だ．彼はまだ会社にいるだろう．（知識にもとづく）

　・駐車場に車がない．どうやら彼は帰ったらしい．（観察にもとづく）

のように，推論が知識・経験にもとづくか（上の「だろう」の例では，彼の勤務実態等の知識をもとに推論している），観察にもとづくかを区別する．

　近年の言語学では，「証拠性（evidentiality）」という概念が注目されている．これは，その情報をどのように入手したかを表すカテゴリーであり，これとモダリティの関係については諸説あるが，ここでは，叙述文のモダリティのサブカテゴリーとして，認識的モダリティとともに「証拠的モダリティ（evidential modality）」を認めておく．

　「ようだ（みたいだ）」と「そうだ」は，証拠的モダリティであり，

　・見たところ，彼はここにはいないようだ（みたいだ）．（知覚的証拠）

　・知人に聞いたところ，彼はここにはいないそうだ．（言語的証拠）

のように，知覚的証拠と言語的証拠（いわゆる伝聞）を区別する．ただし，「ようだ（みたいだ）」には観察にもとづく推論を表す用法もあり，これは認識的モダリティである（「らしい」に近い）．

　・駐車場に車がない．どうやら彼は帰ったようだ（みたいだ）．（観察にもとづく）

　「らしい」には，観察にもとづく推論を表す認識的モダリティの用法のほか，伝聞用法があり，こちらは証拠的モダリティである．ただし，「そうだ」のような純然たる伝聞形式ではないため，単なる「伝言」には使用できない．

・聞くところによると，彼は来ないらしい.

・彼から伝言を頼まれました. 急用ができたので遅れて来る{そうです／?らしいです}.

　以上のように，モーダル助動詞「だろう」「かもしれない」「にちがいない」は認識的モダリティ，「そうだ」は証拠的モダリティ，「らしい」「ようだ」「みたいだ」は両者にまたがる形式である. このほか，助動詞以外では，「と思う」「と見える」「と聞く」などの思考・知覚動詞や，接辞の「(し) そうだ」,「(んだ) って」「とのことだ」「ということだ」「という」「とか」などの引用的な形式が，認識的モダリティや証拠的モダリティに関係している.

c. テンポラリティとの関係

　叙述文の特徴は，過去・現在・未来の時間（テンポラリティ）があるということである. ただし，これは文の内容となる出来事が時間をもつということであり，認識的モダリティの形式に過去形は必要ない. 確認は必ず発話時になされるものであるからである. 実際，「だろう」自体には過去形がなく，「かもしれない」「にちがいない」「らしい」は過去形になるが，ほぼ小説の地の文に限られ，会話文にはほとんどみられない. 地の文には発話時がなく，テンスの機能は特殊である. テンスが本来の機能を実現する会話文において，それ自体が過去形になるのは，証拠的モダリティの「ようだ」「みたいだ」だけである. 会話文に使用される過去形の「ようだった」「みたいだった」は，過去の推定ではなく，過去の知覚印象を表す.

　・見たところ，彼はそのことに気づいていないようだった（みたいだった）.

d. 推論の過程

　推量の根拠となる事実や判断が先行する文に描かれているとき,

　・この映画はおもしろい. 間違いなくヒットするだろう.

のように，推論の過程が表現される. この場合，根拠となる事実や判断を原因や理由として，「だろう」は，その結果や帰結を推量する.「だろう」が説明の形（「のだ」）をとったとき，この関係は逆転し,

　・彼女の様子が変だ. 何かあったのだろう.

のように，推量の根拠となる事実に対して，「のだろう」はその原因や理由をつきとめるために推量する. 推定を表す文の場合も，根拠となる事実が先行す

る文に描かれているとき，

・彼女の様子が変だ．何かあったらしい．

のように，推論の過程が表現され，「らしい」は観察された事実に対してその原因や理由を推定する．このように，因果関係という観点からみれば，「のだろう」と「らしい」には共通性があるが，「らしい」は，観察される「それらしさ」を通して受け取られた現象や本質を述べているのであり，

・次郎が来ない．道に迷っている{のだろう／？らしい}．

のように，「それらしさ」が観察されていないときは，「のだろう」は使えても，「らしい」は使えない．

e. 可能性・必然性

以上は，現実性としての出来事を確認する叙述文についてであったが，叙述文において確認される出来事には，可能性としての出来事や必然性としての出来事もある．話し手による現実と文の内容の関係づけである断定・推量・推定・伝聞などが主観的なモダリティ（subjective modality）であるとすれば，現実性・可能性・必然性は，文の内容としての出来事の現実世界における存在のし方を表す客観的なモダリティ（objective modality）である．

「することができる」や「話せる」「読める」などの可能動詞が代表的な可能性の表現であり，可能（能力など，様々な要因にもとづく）や実現を表す．

・太郎は英語を話すことができる．（能力可能）

・親しいアメリカ人となら，英語を話すことができる．（条件可能）

・この会議では英語で話すことができる．（規範可能）

・太郎はついに英語を話すことができた．（実現）

「してもよい」も可能性の表現であり，規範可能の用法を「することができる」と共有している．

・この会議では英語で話してもよい．（規範可能）

また，許可や承諾の用法においても可能性が表現されている．

・このペン，使ってもいいよ．（許可）

・手伝ってあげてもいいよ．（承諾）

「論理的な可能性」を表すのは，「することもありうる」である．

・このまま交渉が決裂することもありうる．

・飛行機は遅れることもありうる.

必然性の表現の代表は,「しなければならない」「しなければいけない」「しなくてはならない」「しなくてはいけない」「しないといけない」などである. ただし, これらは必然性を表すために使用されることは少なく,「必要」を表すことが多い. 必然性が表されるのは, 人間の意志的な選択に従うことのない状態や変化の場合である. 必要を表す文は, 何がその行為の選択を条件づけているかによって, 下位分類される.

・当時の若者は就職難に苦しまなければならなかった.（必然性）

・管理職は何かあれば休日も出勤しなければならない.（規範的な必要）

・血圧を下げるために, 毎日運動をしなければならない.（目的達成のための必要）

・自転車がパンクしたので, 学校まで歩いて行かなければならない.（さしせまった状況から生じてくる必要）

必要を表す文は, 基本的には叙述文であるが, 主語が一人称や二人称の場合は, 決意や忠告などの意味合いを伴う.

・僕はもっと努力しなければならない.（決意）

・君はもっと努力しなければならない.（忠告）

4.4.3　疑問文のモダリティ

疑問文は, 自分が知らないこと, 知りたいことについて回答を相手に求める文である. 疑問文は, 形式的には, 叙述文のイントネーションを上昇調に変える, 叙述文に「か」「かい」などの助辞をつける, 叙述文の構成要素を疑問詞に置き換える, などの方法によって作られる. また, 典型的な疑問文は, 文の内容が事実であるか否かを知ろうとして, または, 文の内容となる出来事の関与者, それが生じる状況などを知ろうとして, 発せられる. この目的の違いに従って, 疑問文は, 肯否疑問文と疑問詞疑問文に分かれる.

・もうご飯食べた？（肯否疑問文）

・お父さんはお帰りですか？（肯否疑問文）

・誰がこのケーキを作ったの？（疑問詞疑問文）

・どうして遅刻したのですか？（疑問詞疑問文）

　肯否疑問文の述語には，肯定形式のみならず，否定形式が選ばれることがある．単に事実か否かを知るためだけなら，肯定形式だけでよいはずであり，否定形式が選ばれるのには理由がある．それは，否定されるであろう，否定されてもしかたないという態度で尋ねるときである．

　・（髪が濡れている相手に）傘を持ってないの？（否定的な答えを予想）

　・この写真の人を知りませんか？（不躾な質問）

　・何か食べないか？（誘いかけ）

　助辞「ね」がつく疑問文（上昇調）は，状況から確認されたことについての念押し的な確認に用いられる．複合助辞の「よね」は，判断の妥当性を確認し，「だろうね」は，そうでなければならないことを念押し的に確認する．

　・さては，彼女のこと，何か知ってますね？

　・この漢字，間違ってるよね？

　・君，嘘ついてないだろうね？

　形式的には疑問文であっても，自分が知らないこと，知りたいことについて答えを相手に求めるという規定に合わないものが多数ある．例えば，すでに述べたように，推量形の「だろうか」は，相手に答えを求めるという特徴が欠けている．さらに，叙述文に近づいたり，移行したりしているものがある．そのようなものの代表は，いわゆる反語である．

　・いつ私がそんなことを言った？

　・これが大人のすることか．

　・いつまでもこんなことやってられるか．

　反語からの発展で，共有情報を表す「ではないか」がある．相手が認識できていないことを非難する用法もある．いずれも「だろう」に置き換えられる．

　・あそこに喫茶店があるじゃないか．休んで行こうよ．（共有情報）

　・だから，気をつけろって言ったじゃないか．（非難）

　名詞述語の否定疑問文から発展した「のではないか」は，話し手の推測を示しつつ尋ねる用法と認識的モダリティに分類してもよいような推量を表す用法をもつ．

　・疲れてるんじゃないか？（推測を含んだ質問）

　・たぶん金利はしばらく上がらないのではないか．（推量）

　叙述文と疑問文は，ともに認識的な文であり，以上のように，話し手による何らかの認識を含む疑問文は，叙述文に連続する．

　最後に，詠嘆や感動を表すものを挙げる．

・何度この道を歩いたこと（だろう）か．

・なんてきれいな花なんだろうか．

4.5　意志表示的な文のモダリティ

4.5.1　意志表示的な文の概観

　希求文や命令・勧誘文からなる意志表示的な文に共通する特徴は，構文的には，主語を欠くことが多いということ，文の内容に関しては，一時的な未来の出来事でなければならず，人称とモダリティの間に強い相関がみられる（例えば，命令は二人称でなければならない）ということである．これらの点は，認識的な文から意志表示的な文を区別する，重要な特徴である．なお，命令・勧誘文には，意志的な動作でなければならないという制約があるが，希求文については，その制約はない．命令・勧誘文では，実行されうることが前提となるのに対して，希求文は，実現を願うだけだからである．

　希求文（希望，願望などを表す文）と命令・勧誘文（決意，命令，勧誘などを表す文）とは，述べ立てるか，働きかけるかという，聞き手に対する態度が異なるが，話し手の欲求が動機となっている点は共通である．ただし，希求文では，話し手の欲求そのものが前面化しているのに対して，命令・勧誘文では，欲求は働きかけの誘因として潜在しているという違いがある．

　意志表示的な文のモダリティの現れは，人称や意志性などの文法的な条件のほか，話し手の立場や話し手と聞き手の人間関係などの言語外的な条件にも大きく左右される．

4.5.2　希求文のモダリティ

　希求文は，動作の実現に対する話し手の欲求を表す文である．日本語では，誰の動作への希求であるかによって，形式が区別される．話し手が欲求する，話し手自身の動作である場合は，「したい」という形式を用いる．

　・ああ，水が飲みたい．

　・大学に入ったら，歴史を学んでみたい．

　二人称の動作に対する欲求を表す場合は，「してほしい」「してもらいたい」
を用いる．

　・今度のパーティーには君も来てほしい．

　・社会人になってもがんばってもらいたい．

　三人称の動作や無意志的な出来事に対する欲求を表す場合は，「してほしい」
「してもらいたい」のほか，「するといい」「すればいい」「したらいい」などを
用いる（これらは二人称では「勧め」を表す）．

　・あの選手にはぜひ優勝してほしい．

　・彼がもう少し手伝ってくれたらいいのですが．

　・雨がやむといいなあ．

　希求文は，一見，希求を述べ立てる叙述文であるようにもみえる．「したかっ
た」「したくない」のように過去や否定の形が存在したり，「したい―したいだろ
う」のように確認のしかたの対立があったりするからである．「したいだろ
う」は，もはや話し手の欲求を表さないので，叙述文であるとみなすべきであ
る．しかし，「したかった」「したくない」については，話し手の欲求を表さな
くなっているわけではなく，希求文にとどまる．例えば，次の例は，（観たい
という欲求が過去にあったことではなく）観られなかったことを残念に思う気
持ち，（会いたい気持ちがないことではなく）会わないことを望む気持ちを表
している．

　・あの映画を観たかったなあ．

　・あいつには二度と会いたくない．

　希求文は，話し手の希求にとどまらず，意志表示のために使用されることが
ある．この場合，意志的に実現可能な動作であるということや，話し手の立場，
人間関係などが条件となる．

　・では，ここで多数決をとりたい．

　・君に助手を務めてもらいたい．

　「させてほしい」「させてもらいたい」という使役形式の希求文は，自分を使
役することを希望する意味になることはほとんどなく，実行したい動作の許可

を求める意味で使用される.

・この件については，少し考えさせてほしい.

4.5.3 命令・勧誘文のモダリティ

命令・勧誘文のモダリティについても，人称との強い相関がみられる. 一人称では決意を，二人称では命令・依頼を，一・二人称では勧誘を表す.

a. 命令・依頼

命令法の「しろ」が日本語の命令表現では最も基本的なものであり，その丁寧体は「しなさい」である. 命令文では，話し手が求める動作の主体は聞き手に決まっているため，一般に主語を欠く. 動作主体，すなわち聞き手が言語化されるのは，

・田中君，ちょっと来なさい.

・君はいろ. 僕は行く.

・太郎が行け.

のように，呼びかけたり，他者の動作と対比したり，複数の人間から主体をとりたてたりするときである.

典型的な命令文は，

① 話し手の立場からの望ましさが動機になる.

② その動作を実行可能な聞き手が存在する.

といった条件のもとに成立する. 例えば，次のような例は，これらの条件を満たす，典型的な命令文である.

・うるさい，静かにしろ.

・庭の掃除を手伝いなさい.

一方，聞き手の利益になる動作の実行の命令は，助言や勧めのニュアンスを伴い，聞き手の希望が動機となっているときは，許可になる. 許可したくないが，止める気もないときは，放任になる.

・今日は寒いから，コートを着ていけ.（助言）

・楽にしなさい.（勧め）

・この本，借りていいですか——いいよ，もっていきなさい.（許可）

・好きにしろ.（放任）

意志的に実行可能な動作ではない場合は励ましになり，聞き手自体が存在しない場合は願いになって，希求文に移行する．終わった動作に対する命令は，否定的な評価の表現に移行している．

・元気を出せ．（励まし）

・春よ来い，早く来い．（願い）

・もっと早く言えよ．（非難）

典型的な命令文は，一方的で強い要求を意味するため，人間関係において，原則的に，話し手が聞き手よりも絶対的に優位な立場にあるか，親友や兄弟のような親密な間柄でなければ，使用できない．普通体の「しろ」は，基本的に男性しか使わないが，丁寧体の「しなさい」は，相手の人格に配慮した言い方になり，男女ともに使用する．

命令法の「しろ」の否定形にあたるのが「するな」であり，否定命令＝禁止を表す．「するな」には丁寧体がないが，主語を欠くという構文的特徴や一方的な強い要求という意味的特徴，使用の社会的制限などは，基本的に「しろ」と共通である．

「するな」の表す禁止には，二つのバリアントがある．一つは，聞き手の動作を予防的に禁止するものであり，もう一つは，すでに始まっている聞き手の動作を制止するものである．

・この件はあいつに言うな．（予防）

・じろじろ見るな．（制止）

このほか，助言，励まし，願い，否定的な評価の用法が「するな」にもみられる．この用法での使用頻度は，肯定形の「しろ」よりもはるかに高い．

・傘を忘れるな．（助言）

・心配するな．（励まし）

・雨よ，降るな．（願い）

・こんな時間に電話してくるなよ．（非難）

命令と依頼は，いずれも聞き手に対する行為要求であるが，命令が一方的な高姿勢の要求であるのに対して，依頼は，聞き手に頼む，お願いするという，より低姿勢の要求である．「してくれ」（普通体），「してください」（丁寧体）が依頼の基本的な形式であり，依頼文も主語を欠くのがふつうである．

命令の場合と同様,

・肩をたたいてくれ.

・その人の電話番号を教えてください.

のように,話し手が受益者となる場合に典型的な依頼の意味が実現するが,聞き手が受益者となることもしばしばあり,その場合は助言や勧めのニュアンスを帯びる.

・くれぐれも体には気をつけてくれ.（助言）

・よかったら,これ食べてください.（勧め）

そのほか,許可や励まし,願いなど,命令文に対応する用法がある.

・社長,この方針でやりたいのですが――わかった,そうしてくれ.（許可）

・ぜひ優勝してください.（励まし）

・雨よ,やんでくれ.（願い）

否定形は,「しないでくれ」「しないでください」で,予防的な依頼と制止的な依頼がある.

・このメールアドレスは誰にも教えないでくれ.（予防）

・痛い！　押さないでください.（制止）

「してくれ」は,低姿勢であるとはいえ,聞き手を下位におき,男性しか使用しないなど,命令形と同様の社会的な使用制限があるが,丁寧体の「してください」には,こうした制限がない.このほか,依頼の形式には,「して」「しておくれ」「してちょうだい」「してくださいませ」「お～ください（ませ）」など,待遇性（親疎,場面等）にかかわる様々なバリエーションが存在する.「してくれないか」「してくれませんか」「してくださいませんか」などの否定疑問文の形式で使用されることも多く,さらに低姿勢な表現になる.

命令法によらない,命令・禁止を表す文も数多くある.

・走らない！

・ちょっと待った！

・いいか,絶対に勝つんだ！

・もっと親孝行しなきゃ.

・ここで遊んではいけません.

・早く起きないか！

・字はもっと丁寧に書こう.

　また,名詞句(「〜こと」)や従属句(「〜ように」)の形をとる命令文があり,きまりや指示の通達に使用される.

・用法・用量を厳守すること.

・教科書をよく読んでおくように.

「させろ」「させてくれ」「させてくれないか」などの使役形式の命令文・依頼文は,自分を使役することを求める意味になることはほとんどなく,実行したい動作の許可を求める意味で使用される.

・この件については,少し考えさせてくれないか.

b.　勧誘・決意

　勧誘法の「しよう」は,人称によって決意を表したり勧誘を表したりする.

・よし,彼女にプロポーズしよう.(一人称＝決意)

・コーヒーでも飲みましょうよ.(一・二人称＝勧誘)

　一人称の「しよう」は,「したい」とともに希求文(表出文)として扱われることもあるが,ここでは,これを希求文ではなく命令・勧誘文の系列に位置づける.決意の「しよう」は,いわば,話し手が(聞き手ではなく)自分自身に誘いかけているのである(「勧誘法」という命名にもそうした意味を込めている).命令形にも自分に対する命令というのがあって,やはり決意の意味になる.

・(待ち人来ず)もう帰っちゃえ.

　一人称の「しよう」が決意の表現であることは,これがしばしば独り言や内言に使用されるということ,他人の意志や過去の意志を表せないということからも確認できる.これらの特徴は,「するつもりだ」と対照的である.「するつもりだ」は,独り言や内言では使用できず,他人の意志や過去の意志を表せる.「する予定だ」「する覚悟だ」「しようと思っている」「することにしている」なども同様である.これらは叙述文である.

・彼は会社を辞めるつもりです.

・この週末は自宅で過ごす予定でした.

　会話において「しよう」を用いるということは,聞き手の前で決意するということにほかならないが,そのような場面はかなり限られている.それは,聞き手と行動をともにしている話し手が,状況や聞き手との関係において自分の

行動が必要であると判断するような場面である.

　・お困りですか. お手伝いしましょう.

　・わかりました. この件は私が調べましょう.

　したがって, 聞き手の意向に反するような決意には, 「しよう」は使用され
にくい.

　・(仕事を依頼されて)　お引き受けしましょう.

　・(仕事を依頼されて) ？お断りしましょう.

　決意 (誓い) を表す形式には,「しよう」のほか,「してみせる」「してやる」「す
るのだ」「するものか」「するぞ」「しなければ (しなくては, しないと)」など
があるが, 「しよう」が基本的に意志的に実現可能な動作の実行への決意を表
すのに対して (したがって,「きっと合格しよう」は不自然),「してみせる」「し
てやる」「するのだ」は, 意志的に実現できないことの実現への誓いを表す. 「す
るものか」「するぞ」「しなければ (しなくては, しないと)」なども, (不) 実
行への決意や (非) 実現への誓いを表すが, これらは意志的に実現できる場合
もできない場合もある.

　勧誘の「しよう」も, 基本的には, 話し手の決意を表している. ただし, 決
意する動作には聞き手も巻き込まれることになる. したがって, 勧誘文では,
話し手の立場や人間関係, 聞き手の意向が重要なファクターになってくる.

　議長や司会者など, 代表者的な存在である話し手は, 今から何をするかを決
定し, 参加者に伝える. 伝えるだけで, 聞き手に働きかけてはいない.

　・(議長) では, ここで決をとりましょう.

　・(テレビ番組の司会者) 現場からレポートしてもらいましょう.

　計画にもとづいてこれからの行動を決定する場合や, 状況への適切な対応と
して行動を決定する場合も, 同様である.

　・雨がやんだ. では, 出発しよう.

　・お疲れのようですね. 少し休憩しましょう.

　以上のような例では, 話し手が代表して我々の行動を決定しているのであっ
て, その点では, 決意を表す場合と大差ない. これに対して, 話し手の欲求を
動機として我々の行動を決めようとする場合には, 話し手の欲求を伝え, 聞き
手に働きかける必要が出てくる.

・僕はのどが渇いた. 喫茶店に入ろうよ.

・一人じゃつまらない. 君も行こうよ.

したがって, 次のような例は, 部活動の顧問から部員への発言か, 部員から顧問への発言かによって, 意味合いが違ってくる. 前者であれば代表者たる話し手による我々の行動の決定になり, 後者であれば話し手の欲求にもとづく働きかけになる.

・今年の夏は合宿をしましょう.

行動の決定を保留し, 聞き手の意向に配慮するときは, 疑問形式の「しようか」を用いる. ただし, 話し手の欲求にもとづく働きかけの場合には,「しようか」は使えない. こうした場合には, 問いかけの「しないか」を用いる必要がある.

・お疲れのようですね. 少し休憩しましょうか.

・一人じゃつまらない. {＊君も行こうか／行かないか}.

4.6 モダリティの副詞

モダリティの中心的な表現手段は, 述語形式であるが, 文のモーダルな意味を予告・強調・限定・明示する働きをする副詞が多数存在し, これもまた, モダリティの重要な表現手段と考えられる. こうした副詞を「モダリティの副詞」あるいは「叙法副詞」と呼ぶ. モダリティの副詞に似た概念としては,「陳述副詞」「文副詞」といったものがあるが, 陳述副詞は, 特定の有標的な形式との呼応関係を前提とするため,「もし〜ならば」のような非文末述語と呼応するものを含み, また, 文副詞は, 文を作用域として働く副詞であることから,「あいにく」「残念ながら」のような評価の副詞をも含むことになる.

認識的モダリティと相関する副詞には,「さぞ, まさか, きっと, たぶん, おそらく, もしかすると, どうも, どうやら」などがあり, 証拠的モダリティと相関する副詞には,「なんか, なんだか, なんでも, 聞けば」などがある. なお,「確かに, 現に, 事実, 実際」など, 無標形式と共起するものも, 認識系の副詞と考えるべきである. また, 疑問と相関するものとして,「はたして, いったい, なぜ, どうして」などがある. 意志表示的な文と共起する副詞には,

おもに希求と相関する「ぜひ, せめて, いっそ, できれば, なんとか, どうしても」, おもに依頼と相関する「どうぞ, どうか」などがある.

　モダリティの副詞全般に共通する機能は, モーダルな意味を予告するということである. また, いくつかのモダリティの副詞には, モーダルな意味を強調する働きがある.「ぜひ君に来てほしい」や「なんとか今年中に結婚したい」の「ぜひ」「なんとか」は, 文の内容となる出来事の実現への思い入れの強調であり,「まさかそんなことはあるまい」や「いったい誰がこんないたずらをするのだろう」の「まさか」「いったい」は, 文の内容の成立を否定する態度や疑念を強調している.「明日は,｛きっと／たぶん／おそらく｝雨だろう」のような例では,「だろう」だけでは表せない確かさの程度の差を「きっと」「たぶん」「おそらく」という副詞が表し分けている. これらの副詞は,「たぶん彼は明日来る」「きっとあいつは長男だ」のように断定形と共起して, モーダルな意味（推量）を明示することもある. 　　　　　　　　　　　　　　　　　[宮崎和人]

【参考文献】

奥田靖雄著作集刊行委員会編（2015）『奥田靖雄著作集 2, 3　言語学編 (1), (2)』むぎ書房

工藤　浩（2016）『副詞と文』ひつじ書房

工藤真由美（2014）『現代日本語ムード・テンス・アスペクト論』ひつじ書房

澤田治美（2006）『モダリティ』開拓社

高梨信乃（2010）『評価のモダリティ　現代日本語における記述的研究』くろしお出版

仁田義雄（1991）『日本語のモダリティと人称』ひつじ書房

益岡隆志（2007）『日本語モダリティ探究』くろしお出版

宮崎和人・安達太郎・野田春美・高梨信乃（2002）『モダリティ』くろしお出版

森山卓郎・仁田義雄・工藤浩（2000）『日本語の文法 3　モダリティ』岩波書店

5 「は」と「が」

5.1 「は」と「が」の違い

「は」と「が」というのは，(1) のような助詞「は」と (2) のような助詞「が」のことである．

(1) 山田さん<u>は</u>グランドをゆっくり走っています．

(2) 山田さん<u>が</u>グランドをゆっくり走っています．

このような「は」と「が」の違いは，日本語文法の中でも難しい問題だと考えられてきた．(1) と (2) はどちらも同じ事態を表しているといってよいが，ニュアンスの違いが感じられる．しかし，その違いを突き止めるのは難しい．

ニュアンスの違いだけであれば，「は」を「が」に変えたり，逆に「が」を「は」に変えたりできるはずである．しかし，(3) の「は」を「が」に変えて (4) のようにすることはできない．

(3)　私<u>は</u>毎朝7時ごろに朝ごはんを食べます．

(4) ＊私<u>が</u>毎朝7時ごろに朝ごはんを食べます．

逆に，(5) の「が」を「は」に変えて (6) のようにすることもできない．

(5)　だれ<u>が</u>そんなことを言ったんですか．

(6) ＊だれ<u>は</u>そんなことを言ったんですか．

さらにいえば，(7) と (8) は「は」と「が」が違うだけであるが，ニュアンスが違うというレベルではない意味の違いがある．

(7) ぼく<u>は</u>小学校のころ，名古屋に住んでいた．

(8) ぼく**が**小学校のころ，名古屋に住んでいた.

(7) は，「名古屋に住んでいた」のは「ぼく」だという解釈になる．(7) の「ぼくは」を (8) のように「ぼくが」に変えると，「名古屋に住んでいた」のは「ぼく」だという解釈が難しくなる．「名古屋に住んでいた」のは，文の表面には現れていないが，「ぼく」ではない他の人という意味になるだろう.

これから，このように複雑な「は」と「が」の問題を解きほぐしていこう.

5.2 「は」は主題を表す

(9) から (11) のような「は」をみると，「は」は主語を表すもののように思えるかもしれない.

(9) 田中さん**は**最後まで諦めなかった.

(10) この水**は**とても冷たい.

(11) 中川さん**は**このチームのキャプテンです.

しかし，(12) から (14) のような「は」は主語を表しているだろうか.

(12) この曲**は**サムが作ったらしい.

(13) あいつに**は**何もやらない.

(14) 北海道で**は**じゃがバターに塩辛を乗せて食べるよ.

(12) の主語は「サム」であり，「この曲」ではない．(13) の主語は文の表面には現れていないが，「私」である．「あいつ」ではない．(14) の主語も文の表面には現れていないが，「北海道の人たち」である．「北海道」ではない.

「は」は，(12) から (14) のように主語を表さない場合がある．そうすると，「は」は主語を表すものだとは言えないことになる．「は」が主語を表すものでないとすると，何を表しているのだろうか.

「は」は，その文では何について述べるかという「主題」を表していると考えられる．たとえば，(9) は (15) のような意味を表しており，(12) は (16) のような意味を表しているということである.

(15) 田中さんについて言うと，最後まで諦めなかった.

(16) この曲について言うと，サムが作ったらしい.

5.3 「が」は主語を表す

「は」が，その文では何について述べるかという主題を表しているとすると，「が」は何を表しているのだろうか．「が」は，主語を表していると言ってよさそうである．たとえば，(17) の「が」も (18) の「が」も (19) の「が」も主語を表している．

(17) やっと返事<u>が</u>来た．

(18) このマフラーは山本さん<u>が</u>編んだんです．

(19) この人<u>が</u>会長です．

そうすると，「は」は主題を表し，「が」は主語を表すという違いのように思えるだろう．しかし，それほど単純な違いではない．

主題か主語かというのは，過去か非過去か，丁寧か非丁寧かのような対立とは違い，互いに対立するものではない．主題と主語は別レベルのものである．

たとえば，(20) の「大石さんは」は主題であると同時に主語である．(21) の「大石さんが」は主語ではあるが，主題ではない．(22) の「サラダは」は主題ではあるが，主語ではない．(23) の「サラダを」は主題でもなく主語でもない．

(20) <u>大石さんは</u>サラダを作っています．

(21) <u>大石さんが</u>サラダを作っています．

(22) <u>サラダは</u>大石さんが作っています．

(23) 大石さんは<u>サラダを</u>作っています．

このような関係を整理すると，主題については，主題か非主題（主題になっていない）かという対立があり，主語については主語か直接目的語か間接目的語かといった対立があることになる．この二つの対立は互いに独立している．これを表にすると，表5.1のように，主題か非主題かという上下の対立と，主語か直接目的語か間接目的語かという左右の対立という二つの軸の対立の組み合わせになる．

表5.1からわかるように，「は」と「が」の問題というのは，主語が主題になっているときと主題になっていないときの違いということになる．

その違いは，直接目的語が主題になっているときと主題になっていないとき

表5.1 「は」と「が」の対立

	主語 (「〜が」)	直接目的語 (「〜を」)	間接目的語 (〜「に」)
主 題 (「〜は」)	〜は	〜は	〜には
非主題 (「は」が付かない)	〜が	〜を	〜に

の違いとも似ている．また，間接目的語が主題になっているときと主題になっていないときの違いとも似ている．つまり，「は」と「が」の対立というのは，大きな視点で考えると，主題か非主題かの対立ということになる．

5.4 「は」が使われる文

主題を表す「は」が使われる文には，いろいろなタイプがある．文のどんな成分が主題になっているかという点から「は」が使われる文を分類すると，大きく四つに分けられる．

一つ目は，主語や直接目的語，間接目的語が主題になっているタイプである．(24) や (25) のような文である．

(24) 父はこの本を買ってくれた．

(25) この本は父が買ってくれた．

(24) は，(26) の主語である「父が」が主題として「父は」になったものだと考えられる．(25) は，(27) の直接目的語である「この本を」が主題として「この本は」になり，それが文頭に置かれたものだと考えられる．主題は，基本的に文頭に置かれるからである．

(26) 父がこの本を買ってくれた．

(27) 父がこの本を買ってくれた．

主題を表す「は」が使われる文の中ではこのタイプが圧倒的に多い．中でも，主語が主題になった (24) のような文が非常に多い．

二つ目は，名詞を修飾する「〜の」が主題になっているタイプである．(28) や (29) のような文である．

(28) 象は鼻が長い．

（29）<u>かき料理は</u>広島が本場だ.

（28）は，（30）の「鼻」という名詞を修飾する「象の」が主題として「象は」になったものだと考えられる．（29）は，（31）の「本場」という名詞を修飾する「かき料理の」が主題として「かき料理は」になり，それが文頭に置かれたものだと考えられる.

（30）<u>象の鼻が</u>長い.

（31）広島が<u>かき料理の</u>本場だ.

　三つ目は，修飾される名詞が主題になっているタイプである．（32）のような文である.

（32）<u>辞書は</u>新しいのがいい.

（32）は，（33）で「新しい」に修飾されている「辞書」という名詞が主題として「辞書は」になり，それが文頭に置かれたものだと考えられる.

（33）新しい<u>辞書が</u>いい.

　このとき，「新しい」という形容詞はそのままでは「が」につながらないので，「新しい」を名詞にする「の」が入って「新しいのが」になっている.

　四つ目は，節が主題になっているタイプである．（34）のような文である.

（34）<u>花が咲くのは</u>7月ごろだ.

（34）は，（35）の「花が咲く」という節が主題として「花が咲くのは」になり，それが文頭に置かれたものだと考えられる.

（35）7月ごろ<u>花が咲く</u>.

　「花が咲く」はそのままでは「は」にはつながらないので，「花が咲く」を名詞にする「の」が入って「花が咲くのは」になっている．また，「7月ごろ」で終わると書きことばらしい整った文にはならないので，名詞を文の述語にする「だ」が付いている.

5.5　主題になりやすい名詞

　どんなものが文の主題になるかは，状況や文脈によって決まる.

　主題になりやすいものとしては，話の現場に存在するものを指す名詞や，前の文脈に出てきたものを指す名詞がある．話の現場に存在するものを指す名詞

というのは，（36）の「私」や（37）の「その服」のようなものである.

(36) <u>私は</u>もう帰ります.

(37) <u>その服は</u>どこで買ったんですか.

前の文脈に出てきたものを指す名詞というのは，（38）の「その犬」のようなものである.（38）の「その犬」は，前の文に出てきた「犬」を指している.

(38) 私の姉は犬を飼っている. <u>その犬は</u>もうすぐ15歳になるそうだ.

そのほか，「前の文脈に出てきたものを指す名詞」に関連のある名詞も主題になりやすい.（39）の「名前」のようなものである.（39）の「名前」は，前の文に出てきた「犬」に関連のある名詞である.

(39) 私の姉は犬を飼っている. <u>名前は</u>ブランだ.

主題というのは，「その文では何について述べるか」を表すものである. そのため，主題になりやすいのは，話の現場に存在するものを指す名詞や，前の文脈に出てきたものを指す名詞，そして，それに関連のある名詞のように，話の現場で話し手と聞き手の意識にのぼりやすいものということになる.

5.6 「が」が使われる文

主題ではない主語を表す「が」が使われる文には，大きく分けて二つのタイプがある. 一つは主題をもたない文である. もう一つは主語ではなく述語が主題になっている文である.

一つ目の「主題をもたない文」というのは，(40) や (41) のような文である. 主語である「富士山」「地震」は主題ではないので，「は」ではなく「が」付いた「富士山が」「地震が」という形になっている.

(40) <u>富士山が</u>見えるよ.

(41) 先月，九州で<u>地震が</u>起きた.

主題をもたない文は，(40) のようにそのときその場で知覚したことを表したり，(41) のように過去に起きたできごとを表すことが多い.

主題をもたない文の述語としてよく使われるのは，「見える」のような知覚を表す動詞，「ある」のような存在を表す動詞，「来る」のような出現を表す動詞，「起きる」のようなできごとの発生を表す動詞，「光っている」のような一

時的な状態を表す動詞である.

　また，主題をもたない文の主語としてよく使われるのは，前の文脈に出てきていないものである.

　一方，二つ目の「述語が主題になっている文」というのは，(42) のような文である.

　(42) <u>私が</u>会長です.

　(42) は，「～は」という主題をもっていなくても，主題をもつ文だと考えられる.(42) は (43) とほとんど同じ意味を表す.(43) の「会長」は主題なので，(42) の「会長」も主題だと考えてよいからである.

　(43) <u>会長は</u>私です.

　述語が主題になっている文の述語にもっともなりやすいのは，名詞である.名詞が述語になっている文は，基本的に主題をもつ文になるため，主語の名詞か述語の名詞が主題になる.(44) のような形の文は，5.4 節で取り上げた「主語が主題になっている文」である.(45) のような形の文は，ここで取りあげている「述語が主題になっている文」である.

　(44) [名詞 1] は [名詞 2] だ.
　　　　<u>　主題　</u>

　(45) [名詞 2] が [名詞 1] だ.
　　　　　　　　　　　<u>　主題　</u>

5.7　主題にならない名詞

　5.6 節で「主題になりやすい名詞」を取り上げたが，それとは逆に「主題にならない名詞」がある.つまり「～が」の形では使われるが，「～は」の形では使われない名詞である.

　主題にならない名詞としては，(46) の「だれ」のような疑問語や，(47) の「何か」のような不定語がある.

　(46) <u>だれが</u>来なかったのですか.

　(47) <u>何か</u>が足りない.

　「だれ」や「何か」は主題にはならないので，これらに「は」を付けて主題にした (48) や (49) は非常に不自然な文になる.

(48) ＊<u>だれは</u>来なかったのですか.

(49) ＊<u>何か</u>は足りない.

5.8 節の中の「は」と「が」

　主題はその文が何について述べるかを表すものである. 文の一部分について, その部分が何について述べるのかを表すものではない. そのため, 文の一部分である節の中には基本的に「～は」という主題は現れない.

　たとえば, (50) の文では主題を表す「私は」が使われている.

(50) <u>私は</u>京都の大学に入った.

　しかし, これが節の中に入った (51) では,「私は」だと非常に不自然になる. (52) のように「私が」という主題ではない形にしなければならない. このような節の中では主題の「～は」を使うことができないからである.

(51) ＊<u>私は</u>京都の大学に入ったとき, 奈良のおばがとても喜んでくれた.

(52) <u>私が</u>京都の大学に入ったとき, 奈良のおばがとても喜んでくれた.

(53) は, 節の中に主題「私は」があるようにみえるかもしれない.

(53) <u>私は</u>京都の大学に入ったとき, 奈良に住もうと思った.

　しかし, この「私は」は文全体の主題である. 「私は」は節「京都の大学に入ったとき」だけの主題ではなく, 文全体の主題になっている.

　(52) は (54) のような構造になっているのに対して, (53) は (55) のような構造になっている.

(54) [<u>私が</u>京都の大学に入ったとき], 奈良のおばがとても喜んでくれた.

(55) <u>私は</u> [京都の大学に入ったとき, 奈良に住もうと思った].

　ただし, 節と言っても, いろいろな種類がある. (52) の「～とき」や (56) の「～たら」のような節らしい節の中には主題は現れない.

(56) <u>山田さんが</u>来たら, 私に知らせてください.

　しかし, (57) のような節「もう働いているが」は文に近い性質をもっている. (58) のように文として独立させることができるからである.

(57) <u>兄は</u>もう働いているが, 給料が安くて困っている.

(58) <u>兄は</u>もう働いている. しかし, 給料が安くて困っている.

このような文に近い性質をもった節の中には主題が現れることがある. たとえば, (59) では主題「兄は」は節「もう働いているが」の中のものである. 主文「まだ学生だ」の主題は「私は」である.

(59) <u>兄は</u>もう働いているが, <u>私は</u>まだ学生だ.

5.9 対比を表す「は」と排他を表す「が」

「は」には主題を表す場合のほか, 対比の意味を表すものがある. また,「が」には非主題の主語を表す場合のほか, 排他の意味を表すものがある.

まず, 対比の意味を表す「は」であるが, (60) の「肉は」「魚は」のような「は」である.

(60) 私は<u>肉は</u>好きだが, <u>魚は</u>好きではない.

この文の「私は」は主題を表しているが,「肉は」「魚は」は主題ではないと考えられる. 主題はその文が何について述べるかを表すものなので, 基本的には一文に一つしか現れない.「肉は」「魚は」は主題を表しているのではなく,「肉が好き」と「魚が好きではない」が対比的であることを表している.

(60) のように二つのことが対比されている文では, 二つのことが「が」や「けれど」のような逆接の接続助詞や接続詞でつながれている. また, 二つの述語が「好きだ」と「好きではない」のように逆の意味になっている. そして,「肉」と「魚」のように同じような種類のものを表す二つの名詞に対比を表す「は」が付いている.

対比を表す「は」は, (60) のように二つのことがはっきり対比されている場合だけではなく, (61) のように一つのことを示して, 対比を暗示する場合にも使われる.

(61) 私は<u>肉は</u>好きだ.

(61) では「肉が好きだ」ということが表されているだけでなく,「他のもの, たとえば野菜とか魚は好きではない」ということが暗示されている. 何が暗示されているかは, 状況や文脈から判断されることになる.

一方, 排他の意味を表す「が」というのは, (62) の「神戸のほうが」のような「が」である.

(62) 大阪より<u>神戸のほうが</u>いい店がある．

　(62)は，大阪と神戸を比較して神戸を選ぶ文でなければ，(63)のように「神戸」には「が」ではなく「に」が付くほうが自然だろう．(62)は，排他の意味を表すために「神戸」に「に」ではなく「(のほう)が」が付いたと考えられる．

(63) <u>神戸に</u>いい店がある．

　特に排他の意味が強く感じられるのは，(62)のように「〜のほうが……」という形で二つの候補から一つを選ぶ文や，(64)のように「〜がいちばん……」という形で三つ以上の候補から一つを選ぶ文に使われる「が」である．

(64) ケーキだと，神戸がいちばんいい店がある．

5.10　日本語以外の言語の「は」と「が」

　ここまでみてきたように，日本語では基本的に，主語が主題になっているときは「は」が使われ，主語が主題になっていないときは「が」が使われるという使い分けがある．このような使い分けは日本語以外の言語ではどうなっているのだろうか．

　韓国語やビルマ語では，日本語と同じように助詞の違いで表し分けられる．たとえば韓国語では，主題になっている主語は(65)のように「nun」か「un」が使われ，主題になっていない主語は(66)のように「ka」か「i」が使われる．

(65) Yeng-swu-<u>nun</u> ppang-ul kwu-wess-ta.（ヨンスはパンを焼いた．）

(66) Yeng-swu-<u>ka</u> ppang-ul kwu-wess-ta.（ヨンスがパンを焼いた．）

　中国語やスペイン語では，主題になっている主語は述語の前に置かれ，主題ではない主語は述語の後に置かれることが多い．(67)と(68)はスペイン語の例である．

(67) <u>Carlos</u>　vino　ayer.　（カルロスはきのう来た．）
　　　カルロス　来た　きのう

(68) Ayer　vino　<u>Carlos</u>.　（きのうカルロスが来た．）
　　　きのう　来た　カルロス

　英語やフランス語では，中国語やスペイン語とは違い，主題か主題でないかを語順で表す場合は少ない．主題の後にはポーズ(休止)を置くというように，音声で主題か主題ではないかという違いが表されることが多い．

　なお，「は」と「が」の研究の代表的なものとしては，三上（1960）や久野（1973），野田（1996）がある．その後，日本語記述文法研究会（編）（2009）や丹羽哲也（2006），堀川智也（2012）が出ている．日本語以外の言語については，益岡隆志（編）（2004）が詳しい．　　　　　　　　　　　　　［**野田尚史**］

【参考文献】

久野　暲（1973）『日本文法研究』大修館書店

日本語記述文法研究会（編）（2009）『現代日本語文法5　第9部 とりたて　第10部　主題』くろしお出版

丹羽哲也（2006）『日本語の題目文』（研究叢書340）和泉書院

野田尚史（1996）『「は」と「が」』（新日本語文法選書1）くろしお出版

堀川智也（2012）『日本語の「主題」』（ひつじ研究叢書〈言語編〉100）ひつじ書房

三上　章（1960）『象ハ鼻ガ長イ』くろしお出版．［増補版（1964）から『象は鼻が長い』］

益岡隆志（編）（2004）『主題の対照』（シリーズ言語対照〈外から見る日本語〉5）くろしお出版

6 とりたて詞

とりたて詞は，とりたての機能をもつもので，従来の副助詞や係助詞を再分類して得られる品詞の一つである．副助詞，係助詞は，異なる統語特徴をもつ語が混在しており，奥津敬一郎（1974），沼田善子（1986, 2009）等は，これらを個々の語の統語特徴に基づいて，とりたて詞，形式名詞，形式副詞，順序助詞，並列詞等に再分類した．とりたて詞は，寺村秀夫（1991）等の「取り立て助詞」とも重なるところがあるが，品詞の捉え方の点で根本的に異なる．

とりたて詞には（1）の語が属し，共通の統語特徴をもち，一つの文法範疇を成す．同時に，その意味特徴から互いに意味上の体系を成し，さまざまな意味でのとりたてを行う．

(1) は，も$_1$[1]，も$_2$，まで，さえ$_1$，さえ$_2$，すら，だって，でも，くらい（ぐらい），だけ，のみ，ばかり，しか，こそ，など（なんか，なぞ，なんぞ）$_1$，なんて$_1$，など（なんか，なぞ，なんぞ）$_2$，なんて$_2$

以下ではとりたて詞について，沼田善子（1986, 2009）等により，統語特徴，意味特徴，とりたての焦点と作用域といった観点から概観する．

6.1 とりたて詞の統語特徴

とりたて詞は分布の自由性，任意性，連体文内性，非名詞性の四つの統語特徴を併せもち，この点で他のいずれの品詞とも異なる．

とりたて詞は格助詞等と違い，文中での分布がかなり自由で，次のように種々の格成分に後接する他，述語や副詞句の後にも現れる．これが分布の自由性で

---

[1] 同一の語形に2語を認めるものは，「も$_1$」「も$_2$」のように示してある．各語の詳細及び意味体系については，沼田善子（1986, 2009）等を参照されたい．

ある. 分布の自由性の点では, 間投詞等も共通する特徴をもつ.

(2) 大事をとっての継投策にまで裏目に出られた. (格成分)

(3) おばあさんは写真を見つめて, 寂し気に微笑むばかりだ. (述語)

(4) 真面目な彼は冗談を言われてもクスリとも笑わない. (副詞)

任意性とは, 文の構成に直接関与せず, それがなくても文が成立するという特徴である. とりたて詞は間投詞と同様に任意性をもつ点で, 格助詞, 形式副詞, 形式名詞等とは異なる. 次はとりたて詞と形式副詞の「だけ」の例である.

(5) a. レンガを家の北側にだけ／∅積み上げた. (とりたて詞「だけ」)

b. レンガを家の高さと同じだけ／*∅積み上げた. (形式副詞「だけ」)

上で見る通り, とりたて詞「だけ」は任意の要素だが, 「家の高さと同じ」という補足成分をとり, 自身がそれを受ける主要素となって全体で副詞句を形成する形式副詞「だけ」は, それがないと文が成立しない.

ところでとりたて詞が承接すると, 次のa文のように格助詞が消去されたり, 述語が形を変化させることがある. この場合は, 単純にとりたて詞だけを除くと文は非文になる. しかし, これらはとりたて詞が承接することで, 「が」の消去や述語の語形変化が起こるものである.「も」や「だけ」を除く際に, こうした変化を元に戻せば, それぞれのb文のように正文として成立する.

(6) a. 午後から雨も／*∅降り出した.

b. 午後から雨が降り出した.

(7) a. こっちのことなど振り向きさえしない／振り向き*∅しない.

b. こっちのことなど振り向かない.

(8) a. 上等の材料でも半分使うだけで／使う*∅で残りは捨ててしまう.

b. 上等の材料でも半分使って残りは捨ててしまう.

そこでこれらの場合も, とりたて詞には任意性を認められる.

連体文内性は, 連体修飾文[2)]内の要素となり得るという特徴で連体修飾文内の要素とならない係助詞や間投詞等との違いを示す特徴である. この特徴から, 主題提示の係助詞「は」と「対比」を表すとりたて詞「は」は弁別できる. 係助詞は文末の陳述に影響を及ぼすというのが重要な特徴で, 連体修飾文等の中

[2)] 連体修飾節をここでは連体文, あるいは連体修飾文として示す.

には存在できない．次の (9) と (10a) がその例である．(9) は「対比」の「は」
が連体文内性をもつため正文となる．一方，(10) は，b 文のように格助詞「が」
であれば正文だが，主題提示の「は」が存在する a 文は非文となる．

(9) 夏<u>は</u>暑く，冬<u>は</u>寒い盆地の気候　（とりたて詞「は」）

(10) a.　＊鳥<u>は</u>飛ぶ時（係助詞「は」）

　　　b.　　鳥<u>が</u>飛ぶ時

「も₁」「も₂」や「こそ」もこの特徴をもつため，係助詞からは除外される．

(11) 地域の人材育成<u>も₁</u>射程に入れた施策

(12) 初心者に<u>も₂</u>無理なくできる庭木の手入れ法

(13) 日頃忙しい人<u>こそ</u>うまく利用する余暇時間　（とりたて詞「こそ」）

　非名詞性は，とりたて詞が連体修飾の主名詞あるいはその一部になり得ない
点を捉えた特徴である．

(14) a.　田中さん<u>だけ</u>が悲しそうにしずんでいた．

　　　b.　[_{名詞句}[_{連体修飾文}悲しそうにしずんでいた] 田中さん<u>＊だけ／∅</u>]

(15) a.　我慢する<u>ばかり</u>が対処策ではない．

　　　b.　[_{名詞句}[_{連体修飾文}対処策ではない] 我慢する<u>＊ばかり／こと</u>]

　(14b)，(15b) の波線部が連体修飾文を受ける主名詞となる部分だが，「だけ」
や「ばかり」があると非文となる．このことは，これらが主名詞の一部になり
得ないことを示す．(15b) の形式名詞「こと」と比べると，その違いが明確
になる．因みにこの特徴は，とりたて詞「など」を並列詞「など」等と弁別す
る特徴ともなる．次の (16a) は並列詞の「など」，(17a) は「疑似的例示」，(18a)
は「否定的特立」のとりたて詞「など₁」，「など₂」である．

(16) a.　祐輔が学生委員，新入生，二年生<u>など</u>をうまくまとめた．

　　　b.　[_{名詞句}[_{連体修飾文}祐輔がうまくまとめた] 学生委員，新入生，二年生<u>な
　　　　　ど</u>]

(17) a.　　この写真の表情<u>など₁</u>，彼の少年のような純粋さをよく表している．

　　　b.　＊[_{名詞句}[_{連体修飾文}彼の少年のような純粋さをよく表している] この写
　　　　　真の表情<u>など₁</u>]

(18) a.　　五歳の子供<u>など₂</u>にとっさの判断ができるわけがない．

　　　b.　＊[_{名詞句}[_{連体修飾文}とっさの判断ができるわけがない] 五歳の子供<u>な</u>

　　　　ど₂]

　上にみるように，並列詞の「など」は主名詞の一部になるが，(17b)(18b)
は非文となり，「など₁」「など₂」が異なる特徴をもつことを表す．

　以上が，とりたて詞を他の品詞と弁別する際に重要な四つの統語特徴である．
個々の特徴は，他の品詞と共通するが，すべての特徴を併せもつものはとりた
て詞のみである．

　分布の自由性は，後述するとりたての焦点と作用域を考える上で重要な特徴
である．任意性はとりたて詞の統語論的機能が，文の一次的構成段階に関与す
るものではなく，文[3]を複合化する機能であることを表す．これは後述すると
りたて詞のとりたての機能と直接関わるものであり，とりたて詞は文の複合化
という点では，いわば接続詞と共通する機能を担うことを意味する．連体文内
性は，とりたて詞の文の階層構造における位置づけや，とりたてという文法的
操作が文の階層構造上，どのレベルで行われるかを考える上で重要な特徴とな
る．連体文内性をもつ点で，とりたて詞は文の階層構造上，主題の「は」等よ
り内側に位置づけられる[4]．非名詞性は，格助詞に前接する「だけ」「ばかり」
等においても，橋本進吉(1969)，寺村秀夫(1991)等にいわれる，準体助詞「の」
と同様の準体言的機能をもたないことを示す．

6.2　とりたて詞の意味

6.2.1　とりたて

　文中の要素 X に関して，X と範列的(paradigmatic)に対立する同類の他
者を暗示して，X を「累加」や「限定」等の種々の意味で他者と関係づけて示
す文法的操作を「とりたて」といい，X を「とりたてる」という．とりたて詞
によるとりたては，厳密には X について明示される文[5] A と他者について暗示
される文 B の間で行われる．この点で，とりたて詞は文を複合化する機能を

---

[3] より厳密にはとりたての機能が及ぶ述語句の範囲である．ここでは便宜的に，「文」を厳密に定義
せずに使用する．

[4] 南不二男(1993)はとりたて詞を判断段階の中の背景構造に属するとする．

[5] 脚注3に同じ．

もつといえる．これを沼田善子（2009）では，次のように表す．

(19) 文中の種々の要素を「自者」とし，「自者」と範列的に対立する他の要
     素を「他者」とする．そして「自者」について明示される文である「主
     張」と，「他者」について暗示される文である「含み」を同時に示し，
     両者の論理的関係を表す．その論理的関係は，「断定」と「想定」，「肯定」
     と「否定」という対立する概念で表される．（沼田善子 2009：247）

6.2.2　基本的意味特徴

　とりたて詞の意味は「対比」「限定」「累加」「意外」「特立」など，さまざま
に名付けられたものがあるが，これらはいくつかの意味特徴から構成される．
(15) に示す「自者」と「他者」，「肯定」と「否定」，「断定」と「想定」，「主張」
と「含み」は，とりたて詞の意味を構成する 4 組 8 個の基本的意味特徴である．
この基本的意味特徴の組み合わせを軸に，語によって加わる二次特徴とで，と
りたて詞の意味は体系的に記述できる．

　これを「累加」の「も₁」の意味で具体的に見てみよう．

　(20) 太郎も₁来た．

　上の「も₁」は，「自者」「太郎」をとりたて，「太郎が来た」を真であるとして「肯
定」する．即ち「自者-肯定」である．これが(17)の文で明示される意味である．
同時に（20）では，自者に対する「他者」「太郎以外」が暗示され，「太郎以外」
についても，暗に「来た」という述語句に対して「太郎以外が来た」という文
が真であるとして「肯定」される．即ち「他者-肯定」である．ここで文中に
明示される意味を「主張」，暗示される意味を「含み」とする．含みの「他者-
肯定」は「断定」であり，これを取り消す文脈とは共起しない．

　(21) ＊太郎も₁来たが，<u>太郎以外は来なかった</u>．

　この含みは疑問文化によって影響を受けず，疑問の対象にもならない．次で
問われるのは，「太郎が来たかどうか」だけであって，他者「太郎以外」が「来
た」ことは含まれない．

　(22) 太郎も₁来ましたか．

　(20) の含みは，否定や疑問の対象にならないことから，主張に対する前提

となる[6]と考えられる．そこで「も$_1$」の意味は次のように表すことができる．

(23)「累加」も$_1$：主張・断定・自者-肯定

　　　　　　　含み・断定・他者-肯定

　　　　　　二次特徴：「含み」は前提

「意外」の「も$_2$」の意味についてみてみよう．

(24)（彼の放蕩には）親も$_2$愛想を尽かした．

「も$_2$」は自者「親」をとりたて，他者「親以外」と共に「愛想を尽かした」という共通の述語句に対して肯定する．この点では「も$_1$」と同様である．しかし (24) の「も$_2$」は「さえ」と置き換え可能で，「親が愛想を尽かす」ことが極端な事態として強調される．(24) の「も$_2$」は (25a) を主張として断定する一方で，(25b) を含みとすると考えられるのである．

(25) a.　親が愛想を尽かした．

　　　 b.　親以外は愛想を尽かすが，親は愛想を尽かさないと思った．

(25b) では，「愛想を尽かす」という述語句に対して，「親」以外の他者は肯定されても，「親」は「親が愛想を尽かす」ことはないと否定されている．つまり「他者-肯定」「自者-否定」である．ただし，これは「…と思った」という「想定」におけるもので，断定ではない．従って主張の「自者-肯定」と含みの「自者-否定」が両立する．そしてこれが「親が愛想を尽かす」という「自者-肯定」の事柄を強調することにつながると考えられる．

含みの中では，他者はすべて肯定されても，自者だけは否定されるという，自者，他者の肯定・否定での対立がある．これに，主張における「自者-肯定」の断定と含みにおける「自者-否定」との矛盾が加わる．他のものはそうでも，これだけは違うと思ったものが，案に相違して他と同じになれば意外さを感じる．意外なものには他のものに対してよりはより強く注意，関心が向けられる．これが「も$_2$」による「強調」につながると考えられるのである．

なお，「も$_2$」の「含み」における「他者-肯定」も想定であって断定でないことは次のことから確認できる．

(26) 放蕩息子で，親も$_2$愛想を尽かした彼を伯父だけは見捨てなかった．

---

[6] 詳しくは沼田善子（2009：126-128）を参照されたい．

　上では波線部のように，他者である「伯父」が「見捨てなかった」つまり「愛想を尽かす」ことはなかったという「他者-肯定」が取り消される文脈と共起する．この点で，「も₁」とは異なり「他者-肯定」は前提でもない．そこで「意外」の「も₂」の意味は次のように表示できる．

　(27)「意外」も₂：主張・断定・自者-肯定

　　　　　　　　含み・想定・他者-肯定／自者-否定

　「累加」の「も₁」と「意外」の「も₂」についてみてきたが，他のとりたて詞も同様に分析し，ここで見た4組8個の基本的特徴の組み合わせを軸に，体系的に記述することができる．

6.3　とりたての焦点

　とりたて詞のとりたてには焦点と作用域がある．とりたて詞は，文中の要素Xを自者としてとりたて，Xと範列的に対立する同類の他者を暗示し，自者について明示される主張と，他者について暗示される含みを関係づける働きをする．ここでの自者を「とりたての焦点」といい，主張となる部分を，文中でとりたての意味的作用が及ぶ範囲として「とりたての作用域」という．

　次の (28) で「花子」を「も₁」がとりたてる場合を考える．（以下，〈 〉は焦点，（ ）は作用域を示す．）

　(28)（〈花子〉も₁学校に行く）．

　(28) の「も₁」は，主張として，自者「花子」について「花子が学校に行く」ことを示すと同時に，含みでは，暗示される他者「花子以外」が「学校に行く」ことが前提であり，これに「花子が学校に行く」ことが加わるという「累加」の意味を表す．ここでの自者「花子」が「も₁」のとりたての焦点であり，主張となる「花子が学校に行く」がとりたての作用域となる．

　既に見た通り，とりたて詞は名詞，副詞，述語等，さまざまな要素を自者としてとりたてられる．また，自者と他者は，文脈から語用論的に決まるもので，自者が述語を中心に，いくつかの連用成分を伴う構成素即ち述語句となる場合もある．この最大規模は文全体となる．その場合は，次のように焦点と作用域が一致する．

(29) レース当日，〈〈天気が悪い〉〉だけで，車の調子は絶好調だ.

(29) では，他者「車の調子は絶好調だ」に対して，「天気が悪い」全体が自者であり，焦点となる．そこで，焦点と作用域が同じ範囲となる.

とりたて詞は分布の自由性があり，とりたての焦点となる自者に基本的に後接できる．こうした場合はとりたて詞の位置が直接，焦点を示すことになる．これまでの例や次がその例である.

(30) 〈間違いを責める〉ばかりで，次にどうすればよいかを教えない.

(30) では後続文脈にある他者「どうすればよいかを教えない」に対し，「間違いを責める」が自者であり，「ばかり」はこれに後接して，焦点を直接示す．とりたて詞が直前の要素を焦点とすることから，これを「直前焦点」と呼ぶ.

しかし常にとりたて詞が後接して，直接，焦点を標示するわけではない．焦点は他者との関係で語用論的に決まるが，焦点となる述語句の先頭要素に後接する (31a) の場合と，焦点から離れ，それを含む述語句の後に現れる (32a) の場合とがある.

(31) a. 彼女は美人であり，〈人柄も₁申し分ない〉.

　　　b. 彼女は美人であり，〈人柄が申し分なくも₁ある〉.

上の二文は同義に解釈できる．ここでは，いずれも他者「美人であり」に対し，「人柄が申し分ない」が自者としてとりたてられる焦点となる．つまり(31a)では，(31b) のように「も₁」を焦点の末端である述語の後に移動させた解釈をしていることになる．そこで，このような焦点を「後方移動焦点」と呼ぶ.

(32) a. 卵は〈黄身の部分〉を使うだけで，白身は使わない.

　　　b. 卵は〈黄身の部分〉だけを使い，白身は使わない.

(32) の二文も同義に解釈できる．ここでの焦点は，他者「白身」に対する自者「黄身の部分」である．(31) とは逆に (32a) は，述語の後に位置する「だけ」を (32b) のように前方の名詞句「黄身の部分」に後接する位置に移動させた解釈をしていることになる．そこでこのような焦点を「前方移動焦点」と呼ぶ.

とりたて詞の焦点は，上にみた通り，「直前焦点」「後方移動焦点」「前方移動焦点」の三つがある.

6.4　とりたての作用域

　先に，とりたての作用域は自者について明示される主張となる部分の範囲と述べた．この点について以下の例で考えたい．

(33) a.　最新アルバム<u>も</u>₁買いそびれないように早めに購入予約する．

  b.　ライブチケットは買いそびれてしまったが，最新アルバム<u>も</u>₁買いそびれないよう早めに購入予約する．

  c.　ライブチケットは買えたが，最新アルバム<u>も</u>₁買いそびれないよう早めに購入予約する．

　(33a) の意味は曖昧で，同一の文でありながら，(33b) と (33c) で異なる意味に解釈される．(33b) では「ライブチケットを買いそびれたことに加え，最新アルバムも買いそびれる」ことのないようにと解釈できる．「も₁」は「Xを買いそびれる」の「X」に入るものとして，自者「最新アルバム」と他者「ライブチケット」を肯定している．

　一方 (33c) では，「ライブチケットを買ったことに加え，最新アルバムも買いそびれないように早めに購入予約する」というのであるから，「も₁」は「Xを買いそびれない」の「X」に入るものとして，「自者」と「他者」を肯定していることになる．同じ (33a) でも，(33b) と (33c) の文脈では，「も₁」の「自者」・「他者」の肯定・否定を判断する基準となる述語句の範囲が異なるのである．

　この基準となる述語句の範囲は，とりたて詞「も₁」の主張にあたる部分だが，この部分がとりたて詞によって意味的に影響を受ける範囲，即ち「とりたての作用域」と考えることができる．

　とりたての作用域は，当該のとりたて詞を含む最小節中の述語を中心とした範囲で，節境界を越えないという制約がある．

(34) a.　[_主節〈[_名詞句[_連体文父が卒業した] 学校〉_自<u>も</u>₁ 受験する]．（そして，祖父が卒業した学校も受験する．）

  b.　[_主節[_名詞句[_連体文〈父〉_自<u>も</u>₁ 卒業した] 学校] を受験する]．

(34a) では，文脈から端的に対立するのは「父」と「祖父」と考えることが

できる．そこで「父」を焦点とし，これに後接する直前焦点を標示する位置に「も₁」がある (34b) のようにすることも考えられる．もし (34a) で「も₁」が「父」を焦点とするなら，これは可能なはずである．しかし，(34a) と (34b) とは同義に解釈できない．(34a) では受験校は「父が卒業した A 校」と「祖父が卒業した B 校」の二校であり，(34b) では「父と祖父が卒業した学校」一校になる．したがって，(34a) は (34b) のようにすることはできず，「も₁」は「父」を焦点とできないことになる．

　次の (35) も同様に考えられる例で，(35a) と (35b) は同義には解釈できない．

(35)　a.　［主節〈［名詞句［連体文女性に不利な］法律]〉₌₁ばかりが目に付く].

　　　b.　［主節［名詞句［連体文〈女性〉に₌₁ばかり不利な］法律］が目に付く].

　これは，主節中のとりたて詞が連体修飾節等の従属節の要素をとりたてられない，即ちこれらの要素は当該のとりたて詞の作用域内の要素でないことを意味する．つまり，とりたて詞の作用域は，連体修飾節内部にまでは及ばないのである．またこれはそれぞれの b 文からみると，逆に従属節中のとりたての作用域が主節中にまでは及ばないということでもある．このことから，とりたての作用域は節境界を越えないという制約があることがわかる．

　繰り返しになるが，とりたて詞は分布の自由性をもち，文中のさまざまな位置に現れる．これはとりたて詞の作用域にとって重要な意味をもつ．ここでは紙幅の関係で詳述できないが，結論だけ示すと，とりたて詞の位置は常に作用域の先端か末端を示し，逆にいえば，とりたて詞の作用域はとりたて詞の位置に規定されるといえる．とりたてでは，文中の当該の述語句について，それが示す事象とそれに範列的に対立する事象との意味上の関係づけが行われると考えるが，とりたて詞はその位置から，いわばこの述語句の範囲即ち作用域を，先端か末端かを示してくくり出す働きをしていると考えられる[7]．

6.5　お わ り に

　ここでは，とりたて詞を一品詞として考え，その根拠となる統語論的特徴と

---

[7] 詳細は沼田善子 (2009：73-87) を参照されたい．

して，分布の自由性，任意性，連体文内性，非名詞性を併せもつことを示した．同時に，とりたて詞の主たる機能は，文の一次構成には関与せず，文と文を複合するとりたての機能であると述べた．その上で，文と文を複合するさまざまなとりたて詞の意味は，4組8個の基本的意味特徴を軸に体系的に記述できることを示した．そして，とりたての焦点と作用域について述べ，特にとりたて詞の文中での分布が，焦点や作用域との関係で重要な意味をもつことを述べた．

　しかし，紙幅の関係で，概観するにとどまり，十分に議論が尽くせていない．また，ここで扱えなかった問題として，他品詞との連続性をどのように捉えるかや，とりたて詞の統語構造上の位置づけがある．さらに現代語におけるとりたて詞は，名詞や並列詞等，様々な出自の語が歴史的変遷を経て一つの文法範疇を成すに至ったものであることから，とりたて詞各語の違いは，個々の変遷過程での特徴に起因するものもある．とりたて詞の体系を考える上で，この点も重視する必要がある．また日本語のとりたての現象を通言語的に捉えるためには他言語との対照研究も必要になる．

　これら，とりたてに関する研究は，理論言語学的にも，記述言語学的にも多くの研究が蓄積されつつある[8]が，今後さらなる研究の深化が望まれる．

［沼田善子］

【引用文献】

奥津敬一郎（1974）『生成日本文法論』大修館

寺村秀夫（1991）『日本語のシンタクスと意味Ⅲ』くろしお出版

沼田善子（1986）「第2章とりたて詞」『いわゆる日本語助詞の研究』凡人社

沼田善子（2009）『現代日本語とりたて詞の研究』ひつじ書房

橋本進吉（1969）『橋本進吉著作集第8冊　助詞・助動詞の研究』岩波書店

南　不二男（1993）『現代日本語文法の輪郭』大修館

---

[8] とりたて関連の研究については，茂木俊伸氏による以下が参考になる．「とりたて」関連研究文献目録（http://www.let.kumamoto-u.ac.jp/literature/asia/nihonbungaku/tmogi/fp_biblio/index.html）

7 　指　示　詞

　指示詞とは「こそあど」「指示語」ともよばれている，概念的意味をほぼもっていない，文脈や発話情報等に依存して対象を決める指標表現（ダイクシス）である．佐久間（1951）では指示あるいはオリエンテイションの機能をもつ語としてこの指示詞をまとめており，これらは表7.1に示すように代名詞（コレ・ソレ・アレ），連体詞（コノ・ソノ・アノ），副詞（コー・ソー・アー）といった複数の品詞にまたがっている（本書では，それぞれをコ・ソ・アの指示詞とする）．なお，代名詞は「指示代名詞」，副詞は「指示副詞」ともいう．

　指示詞は佐久間以降，指示代名詞の用法を中心に議論がなされ，多くの精緻な分析がなされてきた．そこでまず，具体的な内容に入る前に，用語について確認しておきたい．

7.1　指示詞の用法

　指示詞の用法（「指示用法」とする）については，研究によって用語が相違

表 7.1　指示詞（佐久間 1951 より）

	"近称"	"中称"	"遠称"	"不定称"
もの	コレ	ソレ	アレ	ドレ
方角	コチラ	ソチラ	アチラ	ドチラ
	コッチ	ソッチ	アッチ	ドッチ
場所	ココ	ソコ	アスコ	ドコ
もの・人（卑）	コイツ	ソイツ	アイツ	ドイツ
性状	コンナ	ソンナ	アンナ	ドンナ
指定	コノ	ソノ	アノ	ドノ
容子	コー	ソー	アー	ドー

表 7.2　指示用法の用語（岡﨑 2010 より，一部修正）

渡辺 2003	ダイクシス	第三のタイプ（記憶指示）	アナファー
金水 1999	直示用法	非直示用法 (記憶指示)	(文脈指示)
吉本 1992	現場指示	文脈指示（ア）	(コ・ソ)
久野 1973	眼前指示	文脈指示	
三上 1970	直接指示	文脈承前（ア）	(コ・ソ)
岡﨑 2010	直示用法	観念指示	照応用法

するため，注意が必要である．主なものをまとめ，表 7.2 に示す．

　本書では，直示用法・照応用法・観念用法を用いる．研究によっては観念用法をたてず，コ・ソ・アすべてに照応用法（文脈指示）を認める立場もあるが，本書では文脈で用いられるアは，言語文脈内の先行詞を指示する照応用法とは違い，話し手の長期的な記憶の中にある対象を指示する別用法と考え観念用法とする．それぞれの用法を (1) にまとめる．

(1)　**直示用法**：今，現場で目に見える，直接知覚・感覚できる対象があるもの．例：（お店で眼前の服を指さし）これ，試着していいですか．

　　照応用法：対話により音声化，または書記化された（主に先行する）言語文脈内に，当該の指示表現と指示対象を共有する先行詞があるもの．例：昨日古本屋で本を買った．その本は絶版になった貴重なものだった．

　　観念用法：過去の直接経験に関わる要素で（長期的な）記憶の中に対象があるもの．例：（独り言）あの映画，面白かったなぁ．

　現代語では，コが直示・照応用法，ソが直示・照応用法，アが直示・観念用法をもつ．

　次に，直示用法の指示領域について述べておく．指示領域はこれまで「人称区分」と「距離区分」で長く論争が続けられてきた．詳しい内容については 7.2.1 で述べるが，ソに関しては金水・岡﨑・曹 (2002) の「ソ系列に関して言うと，人称区分と距離区分のどちらが基本でどちらが派生とも言えない」という指摘を基本に，コ・ソ・アの指示領域を (2) とする．

(2) コ（近称）：話し手の近くにあるもの

　　ソ（中称）：話し手からやや離れた（中距離），または聞き手の近いとこ
　　　　ろ（聞き手領域）にあるもの

　　ア（遠称）：話し手の遠くにあるもの

7.2　指示詞研究史

　現在の指示詞研究は，佐久間（1936, 1951）から始まるというのが定説である．
そして佐久間以降，指示代名詞を中心として，直示用法（指示領域）のコ・ソ・
ア，照応・観念用法のソ・ア，照応用法のコ・ソ等の用法に関する議論が活発
になされてきた．そして，田窪・金水（1996），金水（1999），金水・岡﨑・曺
（2002），堤（2012）等により，一定の方向性は示されたと考えられる．指示詞
研究史は金水・田窪（1992 b）で詳細にまとめられているが，本書でも直示用
法（指示領域）のコ・ソ・アと照応・観念用法のソ・アに関する議論の重要な
ところをまとめ，さらに，それぞれの分析に対する問題についても述べておく．

7.2.1　直示用法（指示領域）の論争

　直示用法の指示領域は，コ・ソ・アの使い分けを人称によって説明する人称
区分，話し手からの距離によって説明する距離区分が提案されてきた．前者の
人称区分のさきがけは佐久間（1951）であり，コ・ソ・アが人代名詞の人称の
システムと平行することを，(3) のように指摘している．

(3) 話し手とその相手との相対して立つところに，現実のはなしの場ができ
　　ます．その場は，まず話し手と相手の両極によって分節して，いわば「な
　　わばり」ができ，(中略)「これ」は話し手自身の勢力範囲に属します．（中
　　略）「それ」は相手の勢力範囲の中のものをさしていうので，（中略）そ
　　れ以外の範囲はすべて（ア）に属します．　　　　　　（佐久間 1951 より）

　それに対し，コ・ソ・アを二重の 2 項対立（double binary）としたのが三
上（1970）である．

(4) 1)　コレ対ソレ　　　2)　コレ（ソレを吸収）対アレ
　　（中略）相手と話手との原始的な対立の様式が楕円的である．（中略）言

　い換えると，ソレ対コレの立場ではアレはまだあらわれない．目を移す
と，二人は差向いから肩を並べる姿勢に変わって接近する．相手と話手
とは「我々」としてぐるになり，楕円は円になる．（中略）相手自身は
消えることはないが，「ソレ」の領分は没収されてしまう．円内がコレ
的で，円外がアレ的である．　　　　　　　　　　　　　（三上 1970 より）

　確かに佐久間（1951）の説明よりも三上（1970）の方が，実際の現場の使用
に近いと感じられる．ただし，後で述べるが直示用法（指示領域）の現場調査
のデータによると（高橋・中村 1992，安部 2008，堤 2011，岡﨑 2011・2020 等），
対立した場であるコとソの間の距離が大きくなると中間にア（「中間のア」と
する）が現れる等，上記の人称区分では説明できないような現象がみられるこ
とも明らかになっている．

　次に現れたのが，距離区分と考えられるものであり，服部(1968)，阪田(1971)，
堀口（1978）等で提案されている．そこで問題となっているのは，主に人称区
分の「ソ＝聞き手」とされたソの取り扱いであり，まず，服部（1968）では「自
分の横に，話し相手と私とを結ぶ直線とは直角の方向に，近，中，遠，と並ん
でいる３つの物はコレ，ソレ，アレと指示するような気がしてならないし」「２
人で向かいあって話している場合に，話し手が自分のうしろにあるものをさし
てソレということがある」（これについては自身の方言（三重県亀山市）であ
るとする）と指摘する．また，阪田（1971）も「話し手と相手との対立の場に
基づかず，話し手の立場を中心にした，いわば絶対的な領域が「コ・ソ・ア」
を規定するという解釈を試みたい」とし，小説等の例を多く引用しながら実証
している．

　(5)「そこを左へ曲がって」と，きみ子が運転手にいった．

　　　　（『重役の椅子』源氏鶏太，阪田 1971 より）

　これは「話し手から少し離れたものであり，話し手はそれを自分から一歩
離れたものとしてとらえた場合に，ソ系で指示するのであると考える」（阪田
1971）といった例であり，このようなソは佐久間をはじめとする人称区分には
不都合な例となる[1]．

---

[1] コ・アに関しては，「話し手は空間的に，時間的に，心理的に身近なものを自分の領域内のものと
してコ系で指示する」等としており，反論はない．

この距離区分のソ（(2)「中距離」のソ）は現場調査においても，その出現が報告されている．ただし，個人や指示対象（指示詞）により差異があることが指摘されており（岡﨑 2020），上記の議論で分析されているよりも，ソは不安定で複雑なものであると予想される．

以上，このような先行研究の議論により，直示用法（指示領域）の基本的な用法は示されている．しかし，実際の現場での使用は，内省や書き言葉（小説）を用いて分析されたものよりも多様であり，さらなる調査・分析が必要と考えられる．これについては，7.3 節で再度述べる．

7.2.2 照応用法のソと観念用法のアの論争

佐久間の人称区分「ソ＝聞き手」は直示用法だけでなく文脈で用いられるソの説明にも用いられ，その後の研究にも影響を与えた．また，ソ・アの使い分けには久野（1973）の提示した「ア-系列：その代名詞の実世界における指示対象を，話し手，聞き手ともによく知っている場合にのみ用いられる」「ソ-系列：話し手自身は指示対象をよく知っているが，聞き手が指示対象をよく知っていないだろうと想定した場合，あるいは，話し手自身が指示対象をよく知らない場合に用いられる」という「話し手，聞き手」の共通知識の問題も加わっていく．これについて黒田（1979）は「よく知っている（知っていない）」ということを詳細に分析し，その結果，アに対応しているのは話し手の直接体験に基づく知識，それに対しソは間接的な知識である概念的知識に対応していると指摘している．この黒田（1979）により「聞き手」を外すこと，さらに「よく知っている」といった知識の問題についても解決の糸口が見いだされていく．

ところで，ここまで直示用法と照応・観念用法の議論をそれぞれまとめてきたが，これらは同じ指示詞の用法である以上，統一的に説明する必要がある．しかし，それまでの論では出来ていなかった．そして，その問題を解決に導いたのが，談話管理理論と呼ばれる田窪・金水（1996）である．田窪・金水（1996）は，対話的な談話処理のシステムとして以下のような心的領域を仮定する．この心的領域は，記憶ベースと言語表現の間のインターフェイスの役目を果たしており，I-領域と D-領域が設定されている．

(6) **D-領域**（長期記憶とリンクされる）長期記憶内の，すでに検証され，
　　同化された直接経験情報，過去のエピソード情報と対話の現場の情報
　　とリンクされた要素が格納される．直示的指示が可能．

　　I-領域（一時的作業領域とリンクされる）まだ検証されていない情報（推
　　論，伝聞などで間接的に得られた情報，仮定などで仮想的に設定され
　　る情報）とリンクされる．記述などにより間接的に指示される．

（田窪・金水 1996 より）

　ソが I-領域，アが D-領域を検索領域としており，アは基本的に直示であり，
現場，記憶の中の直接指示できる要素とリンクされ，それに対しソは基本的に
談話の中で呈示され，一時的記憶領域の要素とリンクされていると説明する．

　この田窪・金水（1996）により様々な指示詞の問題は解決に向かい，議論は
終わりを迎えたようにもみえた．しかし，これは主にソ・アの説明に適応でき
るものであり，また心的領域の細かい部分については説明がない．そして田窪・
金水（1996）以降，この談話管理理論に関する論考は発表されていない．談話
管理理論は他の文法事項にも有効な論であり，さらなる議論を望みたい．

7.2.3　指示副詞の研究

　ここまで指示代名詞について述べてきたが，同体系内にありながら，議論が
あまり進んでいない指示詞がある．それは表 7.1 の容子・性状を表すとされる，
指示副詞と呼ばれる[2] ものである．この指示副詞研究も，指示代名詞と同列の
パラダイムとして指示副詞を扱った佐久間から始まったと考えられ，佐久間
（1951）では「「こう」は話し手自身が何事かを実演して見せるしぐさ，または
身近のありさまにかかわるのに対し，「そう」は相手の，「ああ」は第三者の，そ
れぞれ動作や状態にかかわるというようになっています」と説明されている．

　この指示副詞を体系的に扱ったものとしては，李（2002），岡﨑（2010）が
あげられるが，両者とも歴史的な用法の考察が主であり，現代語のみを体系的
に扱ったものは管見の限りみられない．

　このように指示副詞の体系的な研究が遅れている原因については次のことが

---

[2] 性状については指示形容詞というべきかもしれないが，ここでは触れない．

考えられる．まず「『何かを指示する』指標表現（ダイクシス）としての用法の究明」と，「『用言に係る』副詞としての統語論的な意味・用法の究明」という二つの問題を同時に越えなければならないこと，さらに（どの語を1語の指示詞として認めるのかという問題もあると思うが）語のバリエーションが多いうえに，それぞれ用法が違うこともあり，それらをまとめて明らかにすることの困難さが常につきまとうためであろう．

　なお，岡﨑（2010）では現代語の指示副詞を A 類「コウ・ソウ・アア」，B 類「コウシテ・ソウシテ・アアシテ」等，C 類「コノヨウニ・ソノヨウニ・アノヨウニ」等，D 類「コレホド・ソレホド・アレホド」等に分類し，それぞれの用法を以下のように説明している[3]．

(7) **動作・作用の様態を表す用法（A・B・C 類がもつ）：** 「走る・もつ」等の動作動詞や「（風が）吹く・（日が）暮れる」等の無（非）意思的な作用を表す動詞，また「曲がる・折れる」等の結果動詞に指示副詞が係り，その動詞の表す動作・作用の様態，また動作・作用の結果現れた変化過程の様態や変化結果の状態を表す．例「この瓶の蓋は（こう／こうして／このように）回すと簡単に開くよ」

　　言語・思考・認識活動の内容を表す用法（A・C 類がもつ）： 「言う・思う」等の動詞に指示副詞が係り，その動詞の表す言語・思考・認識活動の内容を表す．例「僕はもう駄目って，太郎が（そう／＊そうして／そんな風に）言っていたよ」

　　静的状態の様子を表す用法（C 類がもつ）： 形容詞（形容動詞）・動詞に指示副詞が係り，それらの表す静的な状態の様子を表す．例「聡子って地味だよね．今時（ああ[4]／＊ああやって／あんな風に）普通っぽいのは珍しいね」

　　程度・量の大きさを表す用法（A・D 類がもつ）[5]： 形容詞（形容動詞）・動詞に指示副詞が係り，それが表す性質・状態の程度が大きいことや，連用修飾語に係りそれが表す様態・性質等の程度・量が大きいことを

---

[3] 語によって使用場面制約等があるが，紙幅の関係から基本的な用法の説明のみを記しておく．

[4] この場合「ああ」は程度を表している．

[5] ソのみ．例「この料理はそれほど美味しくない」といった否定対極表現がある（岡﨑 2010）．

　　表す．例「佐藤さんと親父さんにあったよ．（<u>ああ／＊ああして／あ
　　れほど</u>）似ている親子は見たことがないね」
　上記により，副詞としての基本的な用法はおさえられていると考えられるが，
各語の詳細な用法は未だ明らかになっていない．さらに指示副詞の指示用法（直
示・照応・観念用法）が指示代名詞と同一とは限らず，この点についての考察
は進んでいない．
　以上のように，指示副詞研究は未だ発展途上にあり，さらなる活発な議論が
期待されるところである．

7.3　現在と，これからの指示詞研究

　これまで述べてきたように指示詞の用法の議論は，一定の到達点に達し，基
本的な用法は明らかになったと考えられる．そして現在は，次の段階として，
詳細な，また周辺的な用法に関する研究が進んでいる．
　まず，直示用法（指示領域）には，以下のような現場調査の報告がみられる．
7.2.1 で述べた「中間のア」は，(8)② に示すように，各調査で報告されてい
る．
　(8)　①（話し手から 2 m）コ：「話し手のまわり約 2 m のところ」（高橋・中
　　　　　村 1992），「話し手のまわり 2 m 強」（安部 2008）
　　　　②中間のア：「両者がある一定以上の距離を保った場合にア系が出てく
　　　　　る」（安部 2008），「話し手と開き手の中間点」（堤 2011），「（話し手
　　　　　と開き手が 11 m 離れて向かい合う）話し手から 6 m」（岡﨑 2020）
　　　　③中距離のソ：「話し手から 3-4 m」（岡﨑 2020）
　また，安部（2008）で「語感を異にしていることによる議論のずれの可能性
も，指摘できるように思われた」と述べているように，指示詞の使用には地域
差（服部 1968 の方言），世代差，さらに個人や指示対象（指示詞）による差も
みられることが報告されている．(9) に，①個人差と，②指示対象（指示詞）
による差をまとめておく（岡﨑 2020）．
　(9)　①話し手と開き手が 11 m 離れて向かい合う直線上に，1 m 間隔で対象
　　　　　を 10 設置（机上）したところ，被験者の多くは「コ→ソ（中距離）

表 7.3　中古語の指示詞（岡﨑 2010 より）

	指示代名詞		指示副詞
コ	コノ・コレ・ココ	カク	カク（カウ）・カヤウ
ソ	ソノ・ソレ・ソコ		ニ・カバカリ等
カ （ア）	カノ・カレ・カシコ （アノ・アレ・アシコ）	サ	サ（シカ）・サヤウニ サバカリ等

　　→ア→ソ（聞き手領域）」と回答したのに対し，「ソ（中距離）」（と「中
　　間のア」）が出現しない，「コ→ソ」と回答する被験者が存在する．
　②2の①の「ソ（中距離）」の現れない被験者は，話し手と聞き手が並
　　び同じ方向をみて指示する場合にも，（他の被験者は現れるが）「ソノ」
　　では「ソ（中距離）」は出現しない．ただし，場所を指示する「ソコ」
　　の場合にわずかに現れた．

　現場における指示は，場所（教室）の広さや開放性，指示対象の位置（高さ）
や大きさ，話し手と聞き手の親密性等の条件が変わると結果が変わるであろう
ことが，実際の調査をおこなうと容易に予測できる．今後，直示用法の指示領
域を詳細に明らかにするためには，厳密に方法を定めた調査をさまざまな地域・
年代で実施すべきであろう．

　その他，指示詞の周辺的な研究として，感動詞（フィラー）や，接続詞・人
称代名詞等の研究がある．まず，感動詞（フィラー）は，定延（2002）による
「ソウ」や，堤（2012）による「ソノー・アノー」，そして深津（2014）「ソレ・
ソレソレ」等の研究があり，現在も進んでいる．なお，接続詞・人称代名詞は
語の構成要素に指示詞を含んでいるにもかかわらず，指示詞の用法を視野に入
れた研究は少ない．今後，議論すべきであろう．

　さて，これまで現代語を中心に述べてきたが，歴史的な指示詞研究について
も，最後に少し言及しておきたい．古代語は資料に制限もあり，研究の環境と
しては決して恵まれたものとはいえないが，着実にその用法は明らかになって
きている．古代語（中古：平安時代）の指示詞を表 7.3 に示す．

　現代語では表 7.1 のように指示代名詞・指示副詞ともに整然としたコ・ソ・
ア体系に収まるのだが，古代語（中古）の場合指示代名詞はコ・ソ・カ（中古

ではア はわずか）3系であるのに対し，指示副詞はカク・サ2系しか存在しない．
一見すると別体系にみえるのだが，実はカ行の系列（指示代名詞コ・カ，指示
副詞カク）は今，目に見える・直接知覚できる〈もの・こと〉を指示し，それ
に対しサ行の系列（指示代名詞ソ，指示副詞サ）は今，目に見えない・直接知
覚できない〈もの・こと〉を指示する形で用法が対立していたと考えられる．

　例えば，この古代語の指示体系は，7.2節で述べた現代語のソの直示用法が
不安定で複雑（人称区分・距離区分）なものにみえる，その理由を教えてくれる．
それは，上記に述べるように古代語のソは，目に見えるものを指示できず（現
代語のような直示用法がない），照応用法が中心の指示詞であった[6]．つまり，
そもそも直示的な性質ではないのである（金水・岡﨑・曺 2002，岡﨑 2010）．
このように現代語でみられる用法は，当然であるが古代語とつながっており，
現代語の分析を通して得られる理論は，古代語の綿密な調査によっても検証さ
れ，より精緻な成果を生み出していく．

　今後も，幅広い指示詞研究が展開されていくであろう．　　　　　［岡﨑友子］

【参考文献】

安部清哉（2008）「指示代名詞の現場指示の領域―高橋調査法による 2008 年若者の
　コソアド―」『学習院大学文学部研究年報』**55**，pp. 73-112

岡﨑友子（2010）『日本語指示詞の歴史的研究』ひつじ書房

岡﨑友子（2011）「指示代名詞の直示用法における領域調査―高橋調査法による，
　2010 年中四国地方の若者のコソア―」『就実論叢』40，就実大学・就実短期大学，
　pp. 29-48

岡﨑友子（2020）「現代日本語の指示詞コソアの指示領域」『文学論藻』**94**，東洋大
　学紀要第 73 集日本文学文化篇，pp. 140(1)-124(17)

金水　敏・田窪行則編（1992 a）『日本語研究資料集　指示詞』ひつじ書房

金水　敏・田窪行則（1992 b）「日本語指示詞研究史から／へ」（金水・田窪編 1992a
　に収録）pp. 151-192

金水　敏（1999）「日本語の指示詞における直示用法と非直示用法の関係について」

---

[6]　現代語と同じ直示用法を獲得するのは中世末から近世前期である．また中古で見出される直示的な
ものは二人称相当の例である．例：別当とおぼしき人出で来て，「<u>そこ</u>は前の生に，この御寺の僧にて
なむありし」（更級日記）（<u>あなた</u>は前世，この寺の僧の僧だった）

『自然言語処理』6-4，言語処理学会，pp. 67-91

金水　敏・岡﨑友子・曹　美庚（2002）「指示詞の歴史的・対照言語学的研究—日本語・韓国語・トルコ語—」『シリーズ言語科学4　対照言語学』生越直樹編，東京大学出版会，pp. 217-247

久野　暲（1973）「コ・ソ・ア」『日本文法研究』大修館書店，pp. 185-190

黒田成幸（1979）「（コ）・ソ・アについて」『林栄一教授還暦記念論文集　英語と日本語と』くろしお出版，pp. 41-59

阪田雪子（1971）「指示語「コ・ソ・ア」の機能について」『東京外国語大学論集』21，pp. 125-138

佐久間　鼎（1936）『現代日本語の表現と語法』厚生閣

佐久間　鼎（1951）『現代日本語の表現と語法　改訂版』恒星社厚生閣（1966年恒星社厚生閣より補正版，1983年にはくろしお出版で増補版が復刊されている）

定延利之（2002）『「うん」と「そう」の言語学』ひつじ書房

高橋太郎・中村祐理子（1992）「1991年，わかもののコソアド」『麗澤大学論叢』3，pp. 1-35

田窪行則・金水　敏（1996）「複数の心的領域による談話管理」『認知科学』3-3，日本認知科学会，pp. 59-74

堤　良一（2011）「西日本の若者のコソアー高橋調査法による岡山大学での調査から—」『岡山大学大学院社会文化科学研究科紀要』**31**，pp. 15-26.

堤　良一（2012）『現代日本語指示詞の総合的研究』ココ出版

服部四郎（1968）「コレ・ソレ・アレと this, that」『英語基礎語彙の研究』三省堂，pp. 71-80

深津周太（2014）「動作を促す感動詞「ソレ／ソレソレ」の成立について」『日本語文法史研究2』青木博史他編，ひつじ書房，pp. 107-129

堀口和吉（1978）「指示語の表現性」『日本語・日本文化』8，大阪外国語大学研究留学生別科，pp. 23-44

三上　章（1970）「コソアド抄」『文法小論集』くろしお出版，pp. 145-154

吉本　啓（1992）「日本語の指示詞コソアの体系」（金水・田窪編 1992a に収録）pp. 105-122

李　長波（2002）『日本語指示体系の歴史』京都大学学術出版会

渡辺伸治（2003）「ダイクシスと指示詞コソア」『言語文化研究』**29**，大阪大学言語文化部大阪大学大学院言語文化研究科，pp. 417-434

【引用文献】

藤岡忠美・中野孝一・犬養　廉ほか校注・訳（1994）『新編日本古典文学全集 26　和
　泉式部日記　紫式部日記　更級日記　讃岐典侍日記』小学館

8 条件表現

8.1 条件表現とは

8.1.1 条件表現と因果関係

　ある事態が別のもう一つの事態を引き起こす原因となる場合，二つの事態には因果関係があるという．例えば，次の（1）の文のうち，前件「薬を飲むこと」は後件「熱が下がること」を引き起こすので，両者には因果関係があるといえる[1].

　（1）薬を飲むと，熱が下がる.

　このような因果関係を表す文は，因果関係のタイプにより，表8.1のように大きく四つに分けられる．条件表現は広義にはこれらすべてを指す.

8.1.2 条件表現の4分類

　まず，条件表現は前件に表される「原因」と後件に表される「結果」との関

表8.1　条件表現（因果関係）の4タイプ

	仮定的	事実的
順接	（2）薬を飲めば，熱が下がるだろう.	（3）a. 薬を飲むと，熱が下がった. 　　b. 薬を飲んだので，熱が下がった.
逆接	（4）薬を飲んでも，熱は下がらないだろう.	（5）薬を飲んでも，熱は下がらなかった.

---

[1] 条件文には，前件と後件に因果関係が認められない次のような場合があり，疑似条件文と呼ばれる（cf. 坂原 1985）.

　（6）おなかが空いたら，冷蔵庫にプリンがあるよ.

係により，「順接」と「逆接」に分けられる．順接とは，(2)(3) のように，前
件から順当に予測される事態が後件に表される場合であり，逆接とは，(4)(5)
のように，前件からの予測に反する事態が後件に表される場合である．

　また条件表現は，示された原因および結果という事態が，現実において実現
しているか否か，という「現実との関わり（レアリティとも呼ばれる．cf. 言
語学研究会 1985)」により，「仮定的」な場合と「事実的」な場合に大きく分
けられる．仮定的とは，(2)(4) のように，前件と後件の成立を仮定・予測す
る場合であり，事実的とは，(3)(5) のように前件と後件が実際に成立したこ
とを表す場合である．

　なお，レアリティには，(1) のように，因果関係が一般的（恒常的）・反復
的に成立する場合もある．この一般的（恒常的）・反復的な事態は，仮定的と
言うべきなのか，事実的と言うべきなのか，意味的な問題であり，いずれと解
釈する余地もある．だが，日本語の古典語においては，このタイプの条件表現は，
「仮定条件」ではなく「確定条件」の形式により表されていた．この点について，
次項で簡潔に確認する．

8.1.3　現代語の順接条件表現と古典語の順接条件表現

　一般に，日本語の古典語では (1) のような一般的（恒常的）・反復的な条件
文は「確定条件」と呼ばれ，活用形のうち已然形に接続辞「ば」を後接して表
された．また確定条件は (3) のような事実的場合にも用いられていた．一方，
(2) のような仮定的な場合は「仮定条件」と呼ばれ，未然形に「ば」を後接さ

表 8.2　古典語と現代語の順接条件表現

古典語	仮定条件	確定条件		
	雨，降ら<u>ば</u>	雨，降れ<u>ば</u>		
現代語	条件表現			原因・理由表現
	仮定的	一般的	事実的	
	雨が降れ<u>ば</u>川があふれるだろう．	雨が降る<u>と</u>いつも川があふれる．	雨が降る<u>と</u>川があふれた．	雨が降った<u>ので</u>川があふれた．

せて表されていた.

　それに対し,現代語では,(1) から (3) のすべてが,順接仮定条件表現を表す接続辞(例:ば,たら,なら,と)により表され,また (3) は原因・理由表現を表す接続辞(例:から,ので)によっても表される.まとめると表8.2のようになる.

　本章では,条件表現のうち,「ば・たら・なら・と」によって表される現代日本語の順接仮定条件表現(以下,条件表現)を対象にとりあげる.現代日本語の条件表現にはどのようなタイプがあるのか,また,どのような形式によって表されるのか,さらにその形式ごとの違いは何か,という点をみていく.

8.2　条件表現の分類

　条件表現は,前件と後件の因果関係が,一回のことを述べるのか,または多回的な事態を述べるのか,さらには,まだ実現していない事態について述べるのか(仮定),すでに実現している事態について述べるのか(事実),そして実現していない事態(仮定)については,今後実現の可能性がある事態として述べるか(仮説),実現の可能性のない事態を,起こったと仮定して述べるか(反事実),という観点から,図8.1のように分類できる.

　それぞれの具体例を確認していこう.

a.　仮説条件

(7) もし明日雨が降れば,遠足は中止になるだろう.

(8) 3時になったら帰りなさい.

このタイプは,予測的条件文とも呼ばれ(有田2007),最も典型的な条件表

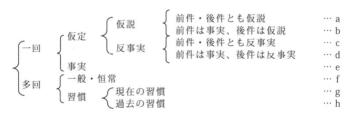

図8.1　条件表現の分類

現である．前件も後件も未実現の事態を表し，主節末には（6）の「だろう」
のような判断のモダリティや，（8）の「〜なさい」のような命令・依頼や，勧
誘，意志の表現が出現する．

　典型的な仮説条件においては，前件も後件も共に，まだ生起していない未実
現の事態，すなわち生起する可能性がある事態である．しかし，仮説条件には，
次のように，過去の事態であって実現したか否かは既に確定しているが，それ
が不明な場合もある[2]．

　（9）もしも犯人がこの船に乗っていた<u>たら</u>，被害者と会っていたかもしれない．

b.　事実的な仮説条件（前件のみが事実である場合）

　（10）これだけあれ<u>ば</u>，来年まで食料はもつだろう．

　（11）ここまで来れ<u>ば</u>，警察も追ってこないだろう．

　仮説条件の中には，前件のみが既に実現している事実である場合がある．前
件が事実であることは，前件に出現する指示表現（例文（9）の「これ」，（10）
の「ここ」）や，文脈により明らかになることもある．

　（12）「例の仕事，昨日のうちに終わらせておきました」
　　　　「どうもありがとう．君がやってくれた <u>（の）なら</u>，間違いはないだろ
　　　　う」

　条件接続辞のうち，「（の）なら」はこのように，対話相手によって直前に導
入された事態を前件とする用法でよく使われる．「（の）なら」は過去形に接続
することもできる（すなわちテンスの分化をもつ）ため，未来の事態だけでな
く，（12）のように過去の事実を予測の根拠として取り上げることもできる．

c.　反事実条件（前件・後件とも反事実である場合）

　（13）夫が生きていれ<u>ば</u>，息子の就職を一番喜んだだろう．

　（14）君が試合に出ていた<u>たら</u>，絶対に優勝できたのに．

　（15）事前に電話しておかなけれ<u>ば</u>，行き違いになるところだった．

　前件・後件ともに反事実である場合を反事実条件と呼ぶ．反事実条件は（13）

---

[2] 用例（9）および（11）のように，前件は既に定まっているが，話し手がその真偽を知らない条件
文を有田（2007）では「認識的条件文」と呼ぶ．認識的条件文は「なら」によって表されるが，「ば」
「たら」が用いられる場合は，条件節の述語が状態性述語あるいは動作性述語の状態形でなければなら
ないことが指摘されている．

〜(15) のように，前件・後件ともに過去（過去の事実の逆）の場合のほか，現在（現在の事実の逆）の場合もある．

(16) もしも私が男だっ<u>たら</u>，父の跡を継げるのに．

d. 事実的な反事実条件（前件のみが事実である場合）

反事実条件の中には，前件のみが既に実現している事実である場合がある．このような条件文は「（の）なら」によってのみ表される．

(17) 欲しい <u>（の）なら</u>欲しいと言えばいいのに．

(18) あなたが来ている <u>（の）なら</u>，借りた本を持ってきたのに．

e. 事実条件

前件・後件ともに一回の事実である場合がある．このような場合は原因・理由表現によって表されるが，条件を表す接続辞を用いると，話し手が後件の事態を認識したということが表現される．

このような事実条件は，さらに次のように分けられる．

第一のタイプは，前件と後件が同一主体の動作の「連続」を表す場合である．

(19) ポケットから鍵を出す<u>と</u>，ドアを開けた．

(20) 部屋に入る<u>と</u>，コートを脱いで椅子に腰を下ろした．

同一主体の動作の連続を表すには「と」ではなく「て」や連用中止形でもよい．しかし，「と」の場合，基本的に話し手は動作主体になれず，話し手は第三者の行為を外から描写しているように事態を表現する．また，「て」や連用中止形は三つ以上の動作の連続を表すことができるが，「と」は二つの動作の連続しか表せない．「と」の場合，前件は必ずしも後件の原因・理由となっているわけではないが，前件は後件に先立って生起し，前件が起こらなければ後件も起こらず，前件は後件が起こるためのいわば「合図」「はずみ」となっている．「と」の文からは二つの事態のそうした緩やかな因果関係が読み取れる．

第二のタイプは，前件と後件の動作主体が異なり，前件が後件の「きっかけ」を表す場合である．

(21) ボタンを押す<u>と</u>，水が出た．

(22) 兄が怒鳴る<u>と</u>，弟は泣き出した．

この場合，基本的に話し手は後件の主体になることはできず，前件が原因となって後件が生じ，その事態を話し手が描写する文になる．

第三のタイプは，前件の動作により，後件の状態を話し手が「発見」することを表す場合である．

(23) ドアを開ける<u>と</u>，見知らぬ男が立っていた．

(24) 引き出しを開ける<u>と</u>，中に遺書があった．

この場合も，第一の「連続」と同様に，前件は後件の原因・理由とはいえないが，前件が起こらなければ，後件の事態を発見することはできず，後件事態の発見には前件の実現が必ず必要である．(23)(24) は，前件と後件がそのような緩やかな因果関係にあることを表す．

第四のタイプは，前件の動作の継続中に，後件事態の「出現」を話し手が認識することを表す場合である．

(25) お風呂に入っている<u>と</u>，突然玄関のベルが鳴った．

(26) ランニングをしてい<u>たら</u>，頭が痛くなってきた．

この場合は，前件が後件の原因・理由といえる場合もあれば（＝26），いえない場合（＝25）もある．しかしどちらの場合も，前件は後件に先立って生起している事態であり，後件の事態を話し手が認識した時の状況を前件が表している．

f.　一般条件・恒常条件

前件と後件の生起が，過去・現在・未来という時間的限定性をもたない超時の事態であり，かつ，前件・後件の主体が不特定・総称的な場合，条件文は一般的・恒常的な関係を表す．

(27) 水は 100 度になる<u>と</u>沸騰する．

(28) 3 を 2 乗すれ<u>ば</u> 9 になる．

g.　現在の習慣

前件と後件が，多回的・反復的に現実の世界において繰り返されているということを表す場合，条件文は現在の習慣を表す．

(29) 食事をする<u>と</u>すぐに横になる．

(30) 父の実家に帰れ<u>ば</u>，必ずお墓参りをする．

h.　過去の習慣

前件・後件ともに過去の事態であるが，その生起が一回性のものではなく，多回的・反復的な場合がある．このような場合，条件文は過去の習慣を表す．

(31) 子供の頃は，この薬を飲め<u>ば</u>，すぐに熱が下がった．

(32) 酒を飲む<u>と</u>眠くなったものだ．

以上，順接条件表現のタイプを意味的に8種類に分類した．こうした分類は，次節にみるように条件4形式の使い分けの説明に役立つ．

8.3 条件表現形式の使い分け

条件形式には複数あり，また方言差もあることが知られているが，現代標準語において条件を表す代表的な形式は「ば」「と」「たら」「なら」の4形式である．

8.3.1 「ば・なら」対「と・たら」

この4形式の違いのうち，明確な形態論的な違いは，「と」「たら」は述語の丁寧形に接続でき，「しますと」「しましたら」が可能であるが，「ば」は丁寧体に接続せず（＊しませば），「なら」も接続しにくい（??しますなら）ことである．

さらに，前節でみたような用法における違いもある．「ば」「なら」は仮定用法である前節aからdで用いられるが，eの事実条件は前件・後件ともに既に起こった事態であり，「たら」「と」によって表され，稀に「ば」によって表される．

(33) 父がダメだと言え<u>ば</u>，子供達はそれに従うしかなかった．

8.3.2 「ば・と」対「なら・たら」

「と」「ば」には，主節に命令・勧誘などの働きかけ表現が現れにくいという文末（モダリティ）制約がある．この制約は前件と後件の主体が同一（すなわち二人称）である場合に特に強い[3]．

(34) ＊京都に来れ<u>ば</u>，ぜひうちに寄ってください．

(35) ??津波警報が発令されれ<u>ば</u>，すぐに逃げなさい．

---

[3] ソルヴァン・前田（2005：30-31）が関東地方出身者117名に対し，各条件接続辞の使用可否を訪ねた調査（○×調査）の結果は表8.3の通りである．

表8.3 主節のモダリティによる条件接続辞の支持率（％）

【働きかけ】 …後件主体が二人称		ト	バ	タラ
命令 ・ 依頼 ・ 禁止	鈴木さんに会ったら，この書類を渡して下さい．	0	9.2	100
	京都に来たら，ぜひ遊びに来て下さい．	0	10.8	100
	お酒を飲んだら，運転するな．	0	10.8	100
	もし道が凍ったら，この塩を撒いてください．	1.5	12.3	96.9
	もし誰かがこのスイッチを押したら，すぐ逃げろ．	1.5	12.3	95.4
	もし服を汚したら，自分で洗いなさい．	1.5	13.8	95.4
	次にこぼしたら，自分でふきなさい．	3.1	16.9	100
	非常ベルが鳴ったら，すぐに110番に電話しろ．	6.2	35.4	98.5
	あの選手が出たら，厳しくマークしろ．	3.1	46.2	100
	あいつが君の足をまた踏んできたら，黙っていてはいけないよ．	7.7	47.7	96.9
	もし太郎が次郎をまた殴ったら，すぐ職員室に連絡しなさい．	0	50.8	98.5
	もし地震が起こったら，ただちに救出活動のために出動せよ．	0	53.8	95.4
	あの人がそう言ったら，そうしなさい．	1.5	61.5	90.8
	彼がだめだと言ったら，やってはいけませんよ．	4.6	70.8	98.5
忠告	平日働いたら，週末は休んだほうがいいですよ．	9.2	16.9	90.8
	東京駅で降りたら，そこからタクシーで行ったほうがいい．	9.2	24.6	90.8
	もし彼が怒ったら，話をそらしたほうがいい．	9.2	46.2	95.4
	変な音が出たら，修理に出したほうがいい．	10.8	47.7	100
	万が一スーツが汚れたら，クリーニング屋さんに出したほうがいい．	3.1	49.2	96.9
義務	あの人が払ったら，あなたも払うべきだ．	3.1	41.5	83.1
勧誘	いつもと同じようにだらだら喋ったら，単刀直入に話してくれるよう頼みましょう．	1.5	27.7	75.4
	彼が近づいてきたら，逃げましょう．	1.5	40.0	98.5
	もし昼ぐらいに着いたら，先にキャンプサイトを探しましょう．	3.1	55.4	87.7
願望	今日駅へ行ったら，東京行きの切符を二枚買って来てほしい．	1.5	4.6	93.8
	彼が秘密を漏らしたら，すぐ教えてほしい．	0	26.2	92.3
	野菜が傷んだら，すぐ捨ててほしい．	3.1	33.8	93.8
	これよりひどく咳き込んだら，病院に連れて行ってほしい．	4.6	44.6	96.9
	平均値	3.4	33.7	94.9

許可	となりのやつが君の足を蹴ってきたら，お前もやりかえしてかまわないよ．	1.5	61.5	100
	8時に会社に来たら，5時に帰ってもいい．	24.5	95.4	84.6
	買い物をしてくれたら，部屋の掃除はやらなくてもいいですよ．	10.8	96.9	95.4
	平均値	12.3	84.6	93.3

【表出】 …後件主体が一人称

意志1	彼が早めに来たら，私はそこで帰るつもりです．	3.1	81.5	98.5
	仕事が早く終わったら，デパートへ行くつもりだ．	1.5	93.8	100
意志2	太郎が就職先を見つけたら，お祝いを贈ろうと思います．	1.5	56.9	98.5
	仕事が早く終わったら，デパートへ行こうと思います．	4.6	81.5	100
意志3	これよりひどく咳き込んだら，病院に連れて行こう．	7.7	66.2	96.9
	仕事が早く終わったら，デパートへ行こう．	1.5	73.8	98.5
意志4	あなたが日本語を教えてくれたら，私は中国語を教えましょう．	1.5	76.9	90.8
	車にワックスをかけてくれたら，ご馳走してあげましょう．	0	89.2	98.5
意志5	赤ちゃんの面倒を見てくれたら，あとで遊園地に連れて行ってあげるよ．	7.7	90.8	89.2
	誰にも言わないと約束をしたら，助けてあげるよ．	4.6	98.5	90.8
	食器洗いをしてくれたら，千円あげるよ．	24.6	100	98.5
希望1	彼がハリーポッターの本を買ったら，あとで借りて読みたいな．	0	23.1	92.3
	あなたが日本に来たら，是非会いたい．	0	41.5	93.8
	もしあの人がここに来たら，思いきって告白したいわ．	0	66.2	100
	この仕事が早く片付いたら，サッカーの試合を見に行きたいなあ．	1.5	72.3	100
	仕事が早く終わったら，デパートへ行きたい．	6.2	78.5	98.5
希望2	あなたが誘ってくれたら，私もそのコンパに参加したいと思います．	9.2	76.9	81.5
	仕事が早く終わったら，デパートへ行きたいと思います．	3.2	86.2	98.5
許容	君が切符を買ってくれたら，一緒に映画を見に行ってもいいよ．	1.5	87.7	92.3
	一緒に飲みに行ってくれたら，おごってもいいよ．	1.5	93.8	96.9
	平均値	4.1	76.8	95.7

この制約は，「ば」の場合は前件が状態性述語になると解除される．

(36) 時間があれ<u>ば</u>，ぜひうちに寄ってください．

(37) 他に書くことがなけれ<u>ば</u>，鉛筆を置いてください．

そして「と」は（34）～（37）では使えず，文末（モダリティ）制約が強い．
一方，「たら」「なら」にはこのような制約はない．

表 8.4　条件文の文末（モダリティ）制約（ソルヴァン・前田 2005[3]）

			ト	動作性述語＋バ	状態性述語＋バ	タラ	ナラ
モダリティ	述べたて		○	○	○	○	○
	表出（意志，希望，許容）		×	○	○	○	○
	働きかけ	許可	×	○	○	○	○
		命令・依頼・禁止，忠告，義務，勧誘，願望	×	×	○	○	○

(38) 新しいスマホを買った<u>ら</u>，私に連絡してください．

(39) 新しいスマホを買う<u>なら</u>，私に連絡してください．

この文末（モダリティ）制約は表 8.4 のようにまとめられる．

(38)(39) に示したように，「なら」と「たら」には文末（モダリティ）制約はないが，しかし両者は前件と後件の時間的な前後関係に違いがある．(38) は「買った後で」の意味であり，(39) は「買う前に，買う場合に」という意味である．これは，「なら」のみがテンスの分化をもち，「するなら」「したなら」の 2 形態に接続するためである．その結果，「ば」「と」「たら」では前件の成立後に起こる事態が後件で表されるのに対し，「なら」のみ，前件成立の前ないし同時に起こる事態（るなら）も，あるいは後に起こる事態（たなら）も表現できる．

(40) パソコンを買う<u>なら</u>，いい店を紹介するよ．（前）

(41) パソコンを買う<u>なら</u>，一緒に行くよ．（同時）

(42) パソコンを買った<u>なら</u>，前に貸してた私のを返して．（後）

ただし状態性述語を受ける「なら」では，前後関係の違いは曖昧になり，「たら」と置き換えられるようになる．

(43) この本が欲しい<u>なら</u>，さしあげますよ．

また「たら」「なら」がこのような一回性の事態を表すのに対し，f から h の多回的な条件表現は「と」「ば」によって表される．

こうした点をまとめると，4 形式の基本的な関係は図 8.2 のように示される．「と」「ば」と「たら」「なら」が対立する場合と，「と」「たら」と「ば」「なら」

		丁寧体			
		不可	可		
時間的限定性	多回・一般的	**ば**	**と**	有り	文末（モダリティ）
	一回・個別的	**なら**	**たら**	無し	制約
		不可	可		
		事実条件			

図 8.2 「ば」「と」「なら」「たら」の使い分け

が対立する場合があることがわかる．

8.3.3 「と」の特殊性と「なら」の特殊性

しかし，4 形式の関係は，この図だけで示されるものではない．用法について言えば，a の仮説条件は最も典型的な条件であり，これのみが仮定的条件文と呼ばれることもあるが，「ば」「たら」「なら」が問題なく用いられるのに対し，「と」は現れにくい．また「と」は c の反事実条件ではほとんど用いられない．この点で「と」には 4 形式の中でやや特殊な面がある．

また，4 形式のうち，「なら」にも特殊な点がある．テンスの分化を持ち，前件と後件の時間的な前後関係を 2 タイプに表し分けることができるという点もそうであるが，用法については，d の事実的反事実条件は，前件は事実であり，後件のみ反事実という特殊なもので，「なら」しか表せない．一方で「なら」は e〜h ではほとんど現れない．

「と」「ば」「たら」が，前件の実現の後にどのような事態が生じるかを後件で表すのに対し，「なら」は，前件事態が実現したと認識した場合に，話し手が下す何らかの判断を，後件で表す[4]．

このように「と」と「なら」は 4 形式の中でも特殊な面がある．一方「ば」「たら」

---

[4] 藤城・宗意（2000：91）は「のだ」の意味から「（ノ）ナラ」について「「前件の事態を既定のものとして認識する」ことを条件とする表現だと考えられる．そして，（ノ）ナラが「認識」を条件とする形式ならば，後件はその認識をもとにした「判断」を示すと考えるのが自然であろう．逆に言えば，事態に対する認識を条件としながら，「その認識の下でどのような事態が生じるか」を表すとは考えにくい．つまり，（ノ）ナラは事態間の関係ではなく，事態に対する認識のあり方と，その認識に基づいた判断を表す形式だと言えよう．」と述べている．

にはそのような独自の特徴といえる面は少なく，また両者の入れ替えも可能な場合が多い．「ば」と「たら」は現代日本語の条件表現の汎用的な形式であり，条件表現の用法を広くカバーしている．

8.4　使用実態にみられる4形式の違い

前節でみたように，条件表現を表す4形式は，文法的・意味的な差異もあるが，一方で位相的な違いもある．

8.4.1　ジャンルによる違い

堀（2005）は，「と」「ば」「たら」「なら」の4形式について，① 電話・会話，② インタビュー，③ 口頭発表，④ 学術論文における出現を調査した．その結果は表8.5の通りである[5]．

ここから，まず「と」「ば」については，ジャンルごとの使用傾向が類似しており，カジュアルな話し言葉である ① 電話・会話よりも，フォーマルな話し言葉である ② インタビューや ③ 口頭発表，書き言葉である ④ でよく使われる形式であることがわかる．

一方「たら」は書き言葉では使われず，もっぱら話し言葉で多用される形式であるといえる．また，話し言葉でも，① 電話・会話や ② インタビューで多

表8.5　ジャンルによる使用実態

	電話・会話	インタビュー	口頭発表	学術論文
と	152	302	354	154
ば	100	123	153	116
たら	255	233	56	2
なら	20	32	11	30
計	527	690	574	302

---

[5] 堀（2005）の図1〜4より「条件文」の数値を抜き出した．なお，堀（2005）では，条件表現の用法を「慣用表現」「前置き表現」「条件文」の3種に分類しているが，表8.5の数値はこのうちの「条件文」の数値である．

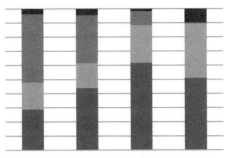

図 8.3 ジャンルごとの使用分布

用され，③ 口頭発表ではあまり使われないことから，カジュアルな話し言葉の形式であることがわかる．

さらに「なら」は使用数が非常に少ない（全体の5%以下）ことが最大の特徴であるが，話し言葉にも書き言葉にも使用される．ただし，話し言葉では，独話（③ 口頭発表）においてあまり使用されず，聞き手とのやり取りがある話し言葉において使われることが特徴である．

従来，「たら」は話し言葉的，「ば」「と」は書き言葉的と考えられてきたが，「たら」が書き言葉で使われにくいことはこの調査でも改めて示された．しかし「ば」「と」については，話し言葉でもそれなりに使われており，② インタビューでは，「と」は「たら」よりも多く使われている．更に ③ 口頭発表では，「と」「ば」の使用が「たら」を圧倒する．フォーマルな話し言葉では「たら」よりも多く出現する実態が改めて明らかになった．

8.4.2 方言による違い

基本的な条件形式「と」「ば」「たら」「なら」には方言差があることも明らかになっている．真田（1983：41-42）は，次の4文について，東京および大阪の生え抜きである10〜20代の各100名を対象に調査した．その結果は表8.6および図8.4, 8.5 の通りである．

（44）a．もっと早く{起きれば／起きると／起きたら}よかった．

表 8.6 「ば・と・たら・なら」の出現比率（%）

(東京／大阪)

	a	b	c	d
ば	94／20	16／13	0／0	6／0
と	4／0	75／4	0／0	0／0
たら	2／72	8／83	100／100	26／91
なら	0／0	0／0	0／0	68／9

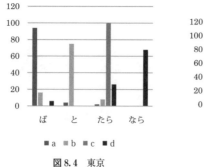

図 8.4 東京

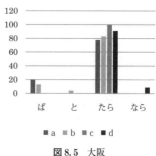

図 8.5 大阪

b. 右に｛行けば／行くと／行ったら｝ポストが見えます.

c. もし火事に｛なれば／なると／なったら｝どうしよう.

d. あの人が｛書けば／書くと／書くんだ（や）ったら／書く（ん）なら｝私も書く.

　図 8.4 をみると，「東京では 4 形式が一部で重なりながらも，それぞれに用法を異にして，一応区別して使われている」ことがわかるのに対し，図 8.5 をみると，大阪では「いずれのコンテキストにおいてもタラが圧倒的に多用されて」おり，条件表現は「たら」一形式で表されるということが示された.

　このことは，国立国語研究所『方言文法全国地図』の調査でも示されている. 三井（2013）は，真田（1983）の調査文 a と同じ文脈の文「きのう手紙を書けばよかった」が全国でどのように言われているかをまとめた地図を示し，関西・四国にかけての地域で「書いたら」が使われ，その周りに「書けば」の発音が変化した「書きゃー」が出現し，さらにその周りに「書けば」が使われるという分布があることを示している. すなわち，大きく見れば中心から「書いたら」

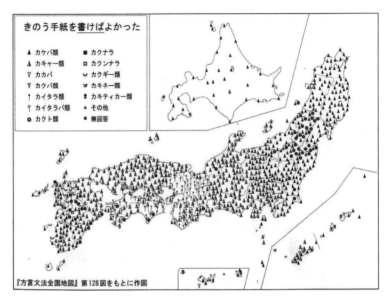

図 8.6 順接仮定表現の全国分布(三井 2013:49)

「書きゃー」「書けば」が周圏分布しているということになり,またそこから,この 3 形式の中で「たら」が最も新しいことがわかる.

8.5 お わ り に

本章では,前件と後件が因果関係を表す条件表現(広義の条件表現)を,順接・逆接と仮定的・事実的という二つの軸により 4 分類した.そして順接の因果関係を表す条件表現(狭義の条件表現)を取り上げ,その用法を 8 分類した.さらに基本的な形式である「ば」「なら」「と」「たら」の 4 形式の相違を,文法的性質および用法の違いから整理した.これら 4 形式には使用されるジャンルに違いがあり,位相差が見られることが分かった.また 4 形式には方言差もあり,4 形式を使い分ける傾向がみられるのは東京など東の地域であること,順接仮定条件においては,「たら」「ば」には周圏分布が見られ,「たら」が新しい形式であることが示された.

条件表現を表す形式には,文法的違い,意味・用法の違いの他にも位相差や

方言差があることにも注意する必要がある.　　　　　　　　　　　　　　［前田直子］

【参考文献】

有田節子（2007）『日本語条件文と時制節性』くろしお出版

言語学研究会（1985）「条件づけを表すつきそい・あわせ文（3）－その3・条件的な
　　つきそい・あわせ文」『教育国語』**83**，2-37

坂原　茂（1985）『日常言語の推論』東京大学出版会

真田信治（1989）『日本語のバリエーション』アルク（NAFL 選書 3）

鈴木義和（1986）「接続助詞『と』の用法と意味」『国文論叢』**13**（神戸大学文学部
　　国語国文学会），51-61

ソルヴァン，ハリー・前田直子（2005）「「と」「ば」「たら」「なら」再考」『日本語教育』
　　125，28-37

藤城浩子・宗意幸子（2000）「（ノ）ナラの意味と特徴」『三重大学日本語学文学』**11**，
　　92(15)-81(26)

堀　恵子（2005）「日本語条件文のプロトタイプ的意味・用法と拡張－コーパス調査
　　と言語学的有標性の2つの観点から」『日本語教育』**126**，124-133

前田直子（2009）『日本語の複文－条件文と原因・理由文の記述的研究』くろしお出
　　版

宮島達夫(1964)「バとトとタラ」『講座現代語　第6巻（口語文法の問題点）』明治書院，
　　320-324

三井はるみ（2009）「条件表現の地理的変異－方言文法の体系と多様性をめぐって－」
　　『日本語科学』**25**，143-164

三井はるみ（2013）「第5課　条件表現の地域差」『方言学入門』三省堂

9 　連　　体

　名詞を語句や節（文）によって修飾することを「連体修飾」という．本章では節による連体修飾を取り上げ，連体修飾節の分類，「制限」「非制限」の区別，連体修飾節におけるテンスの問題について概観する．

9.1　連体修飾節の2分類

　次の二つの文では，いずれも「話」という名詞を節が修飾している．

(1) a.　佐藤氏が聞かせてくれた<u>話</u>は非常におもしろかった．

　　 b.　貧乏な少女が王子様と結ばれる<u>話</u>は非常に有名だ．

　(1) a では「佐藤氏が聞かせてくれた」という節，(1) b では「貧乏な少女が王子様と結ばれる」という節がそれぞれ「話」を修飾している．以下では，名詞を修飾する節を「(連体) 修飾節」，修飾される名詞を「主名詞」と呼ぶ．また，連体修飾節を含む大きな文の中で，連体修飾節以外の部分（上の例では「…話は非常におもしろかった」「…話は非常に有名だ」）を「主節」と呼ぶ．

　さて，(1) a は，「話」を「聞かせてくれた」という修飾節の述語と関係づけ，「(その) 話を佐藤氏から聞いた」と解釈できる．他方，(1) b ではそのような操作は不可能である．(1) a のように主名詞を修飾節述語と関係づけることができるものは，意味的に主名詞が修飾節の「内」側の述語と関係しているという意味で「内の関係」の連体修飾と呼ばれる．これに対して，(1) b のように修飾節に主名詞を入れることができないものは，修飾節の「外」側にあるととらえて「外の関係」の連体修飾と呼ばれる．この「内の関係」「外の関係」という2分類は寺村（1975〜78）によるものである．奥津（1974）はそれぞれを「同一名詞連体修飾」「付加名詞連体修飾」と呼んでいる．なお，連体修飾節構

造について，「内の関係」「外の関係」とは異なる分類の仕方を提示している研究として，加藤（2003），高橋（1979）などがある．

以下，「内の関係」「外の関係」を概観する．

9.1.1　内 の 関 係

先述のとおり，ここでは内の関係を，主名詞が修飾節述語と関わる構造だと考える．文中に現われる名詞句の多くは，助詞を伴って述語と関係している．このうち，内の関係の連体修飾節構造を作りやすい名詞句は，次のように格助詞「が」「を」によって述語と結びつけられる名詞や，時の成分などである．

(2) a.　たくさんの肖像画を描いた画家（―その画家<u>が</u>たくさんの肖像画を描いた）

　　b.　子どもが好きなお菓子（―子どもがそのお菓子<u>が</u>好きだ）

　　c.　その画家が描いたたくさんの肖像画（―その画家がたくさんの肖像画を描いた）

(3) a.　鈴木さんが訪ねてきた日曜日（―日曜日，鈴木さんが訪ねてきた）

　　b.　娘が生まれた 1998 年（―1998 年（に），娘が生まれた）

他方，内の関係の構造を作りにくいものの例として，「から」を伴う名詞がある．

(4) a.　＊その店が営業している江戸時代（―その店が江戸時代<u>から</u>営業している）

　　b.　＊喧嘩が始まった<u>些細なこと</u>（―<u>些細なこと</u><u>から</u>喧嘩が始まった）

「から」を伴っている名詞を主名詞として連体修飾節を作ると，他の助詞の表わす関係に解釈される場合がある．

(5)　田中さんが来た町（＝×田中さんが（その）町から来た／○田中さんがその町に来た）

だが，次のような場合は修飾節が形成できる．

(6) a.　田中さんが影響を受けた小説家（―田中さんが（その）小説家{から／に}影響を受けた）

　　b.　吉田さんがお金を借りた銀行（―吉田さんが銀行からお金を借りた）

(4)～(6) から，主名詞が起点であることが容易に解釈できる場合，連体修飾節を形成することができるのだと考えられる．

このように，修飾節の述語にとって必須の補語であれば修飾節が形成しやすい．内の関係の修飾節と，もとになっている文とを比較すると，内の関係では修飾節述語と主名詞の意味的関係を示す要素（もとになっている文における格助詞「を」）が明示されない．

(7) 田中さんが　本を　買った．

　　田中さんが　　　　買った　本

したがって，主名詞と修飾節述語とを関係付けるには両者の意味的関係が解釈しうるものでなければならない．「～が」「～を」など必須補語は助詞を消しても述語との関係が容易に解釈できるため，主名詞にしやすいのだと考えられる．一方，時の成分などは任意の補語だが，述語との関係が明白なために連体修飾が可能になる．

なお，次のような構造では主名詞を直接に修飾節述語と関係付けることができない（松本 1993）．

(8) a.　このごろトイレに行けないコマーシャルが多くて困る．

　　b.　頭のよくなる本でも買っていらっしゃい．（a., b. は松本（1993）より借用）

　　c.　かならず合格するおまもりを手に入れた．

これらはそれぞれ次のようにパラフレーズすることができる．

(9) a.　トイレに行けない（ほどおもしろい）コマーシャル

　　b.　（それを読むと）頭のよくなる本

　　c.　（もっていると）かならず合格するおまもり

(8) a の例では，"通常番組本編の合間のコマーシャルの時間にトイレに行くのが普通である"，という言語外の通念があり，その通念とは逆に，ある「コマーシャル」について "トイレに行くことができない，それほどにおもしろい" と解釈できる．また，「本」は「読む」という行為と関係が深く，「おまもり」は通常「持ち歩く」ものである．それゆえそういった行為は，明示しなくても容易に理解できるため，省略されている．すなわち，いずれの場合も解釈に当たり，言語外の知識によって主名詞と関係付けるべき述語が補われている．した

がって，これらは内の関係の一種と考えてよいだろう．なお，(8) a は次に示すようにデ格によって修飾節述語と結びつけることもできる．このようにみた場合は，当然内の関係と考えるべきであろう．

(10) その本で頭がよくなる　（←頭がよくなる本）

9.1.2　外 の 関 係

外の関係の修飾節は大きく二つに分けることができる．「結果」という名詞を使った例をみてみよう．

(11) a.　選挙戦では，A 氏と B 氏が争った結果，わずか一票の差で A 氏が当選した．

　　　b.　選挙戦では，A 氏と B 氏が争う（という）結果となった．

(11) a で「A 氏と B 氏が争った」ことによる「結果」が主節の「わずか一票の差で A 氏が当選した」ということであるのに対し，(11) b では「A 氏とB 氏が争う」ということが「結果」の内容である．(11) a のように修飾節の内容を踏まえ，そこから相対的に，ある時点や空間内の位置，関係することがらを示す名詞を「相対名詞」と呼ぶ．他方，(11) b のようにその名詞の内容を表すことがらを修飾節にとる名詞を，修飾節の内容と名詞とがいわば同格であるということから本章では「同格連体名詞」と呼ぶ．名づけはいずれも奥津(1974) による．

a.　相対名詞

相対名詞には，時を表すもの，空間を表すものなどいくつかの種類がある．次の (12) は時，(13) は空間を表している．

(12) a.　吉川さんは，上司が来る前に仕事を済ませた．

　　　b.　体操をしている途中で気分が悪くなった．

(13) a.　輸送船が進む上を護衛のヘリコプターが飛ぶ．

　　　b.　巨大な建物が立ち並ぶあいだを人々があわただしく行き交う．

たとえば (13) a では「前」が二つの事象を時間的な前後関係に注目して結び合わせている．こういった，時間や空間を表す相対名詞の意味時性質については，大島（2020）を参照のこと．

(14) a.　子どもが食べた残りを平らげていたら，太ってしまった．

　　b.　毎月給料をもらう<u>約半分</u>が食費に消える.

(14) は，主名詞がある事物全体の中の割合を示すものである.

そのほか，事象間の関係を示すものもある.

(15) a.　委員会で検討した<u>結果</u>を公表する.

　　b.　クラシックばかり聞かされた<u>反動</u>で，ロックにのめりこんだ.

(11) にあげた「結果」をはじめとして，修飾節が原因を表し，主名詞がその結果を表わす構造を作るものである.　日本語はこのように修飾節の表す事象と主名詞が表わす事物との間に因果関係が成り立っている構造がしばしばみられる.

(16) a.　墓を掘った<u>たたり</u>は恐ろしい.

　　b.　愛する人と別れる<u>辛さ</u>は耐えがたい.

　　c.　さかなを焼く{<u>におい／煙</u>}がただよってきた.

「たたり」などは，何らかの原因なしには存在し得ない.　そこで，それぞれの名詞がもつ語の情報の中に，原因となる事象と関係づけられなければならないという制約が含まれていると考えられる.「辛さ」など感情・感覚も，やはり何らかの原因によって生じるものであり，同じように原因となる事象が存在するという情報をもっているのだと考える.　また,「におい」「煙」なども，必ず何らかの発生源が存在するという言語外の知識に支えられており，その発生源を修飾節に示すことで上のような構造が成立するのだと考える.　これらも相対名詞に連なる一群であり，(16) に挙げた例も「外の関係」の一種だと考えられる.

b.　同格連体名詞

同格連体名詞とはその名詞の表す内容を示す文を修飾節としてとるものである.　例をあげよう.

(17) a.　外国人に日本語を教える（という）<u>仕事</u>はやりがいがある.

　　b.　田中議員が加藤社長から賄賂を受け取った（という）<u>事実</u>が明らかになった.

　　c.　彼はやらなければならないことがあるという<u>ことば</u>を残して姿を消した.

　　d.　日本の景気は近いうちに回復するという<u>考え</u>には根拠がない.

　　e.　撤退せよという<u>命令</u>が下った.

　これらの構造においては,主名詞により,修飾節の形式にかかる制約が異なっ
ている.たとえば「事実」は修飾節に主語を含むことができるのに対して,「仕
事」は含むことができない.また,「事実」は修飾節に「～だろう」などの文
末形式をとることができない.他方,「命令」は修飾節に命令形をともなう文
をとらなければならない.

　(18)　a.　?? 田中さんは鈴木さんが外国人に日本語を教える仕事を手伝った.
　　　　b.　?? 田中議員が加藤社長から賄賂を受け取っただろう（という）事
　　　　　　実
　　　　c.　?? 撤退するという命令

　このような修飾節の形式に対する制約は,いずれも名詞が独自にもつ意味情
報の中に含まれているものと考える.

9.1.3　内の関係と外の関係のまとめ

　内の関係はいかなる名詞についても成立しうる.それに対し,外の関係は以
上に見たように,とる修飾節の意味・形式が,名詞のもつ意味的情報によって
規定されており,こういった情報をもたない名詞類は,外の関係を形成するこ
とができない.内の関係では主名詞がもつ統語的・意味的性質が統語形式に反
映されるのではなく,主名詞はあくまで二つの文のいわば「結び目」として機
能する.このように,名詞のもつ情報という観点からみて,「内の関係」「外の
関係」という大きな区分には正当性があるものと考えることができる.

9.2　連体修飾における「制限」「非制限」

　連体修飾節を意味的な機能によって分類する場合,「制限的」「非制限的」の
二種に大別することがよく行われている.ここでは非制限的修飾節を中心に考
察する（本節の議論は大島 2014b による）.

9.2.1　制限的修飾節と非制限的修飾節

はじめに,「制限的」「非制限的」の区分のしかたについて考える.

(19) a. 若い社員

　　　b. 若い吉川さん

(19) a の「若い」「社員」はいずれも，ある人物が備えうる属性を表している．主名詞 (N) は「N」というカテゴリーに属するという属性を表し，修飾節も一つの属性 (X) を表す．この二つの属性が組み合わさって「『N』と呼ばれる事物のうち，X という属性を備えたもの」を取り出す．すなわち，主名詞はそこから部分集合が取り出される母体となる集合を表している．たとえば (19) a では主名詞は「社員」の集合を表し，修飾節がその集合の中から「若い」という属性を備える部分集合を取り出している．修飾節と主名詞の間にこのような関係がある場合を「制限的修飾」という．

　一方，(19) b では「若い」は「吉川さん」の一つの側面を取り出して修飾している．ここでは集合からの部分集合の取り出しは行われない．このようなものを「非制限的修飾」という．

　名詞の意味解釈過程で，その名詞の指示対象を決める操作を以下では「同定」と呼ぶ．制限的修飾における主名詞は，上述のとおり，部分集合が取り出される母体を表しており，それ自体では指示対象にまで絞り込まれていない．すなわち，まだ同定が完了していない．

　他方，非制限的修飾の場合の主名詞は，同定が完了している．(19) b の主名詞「吉川さん」はすでに指示対象がある特定の人物にまで絞り込まれている．この例のように，主名詞が固有名詞の場合が典型的である．

　ただし，主名詞が普通名詞であっても，非制限的な修飾となる場合がある．

(20) 高い技術をもった職人

(20) の修飾節は，制限的・非制限的のいずれとも解釈できる．両者の区別が，この構造のもつ二つの解釈に対応している．

(21) a. 「職人は誰もが必ず高い技術をもっているが，その職人」（非制限的）

　　　b. 「職人のうち高い技術をもっている者」（制限的）

(21) a の解釈の場合，主名詞はあらゆる「職人」を表す．つまり「職人」一般の集合を示し，そこで同定が完了している．それ以上細かい同定は行われず，非制限的修飾となる．一方，(21) b の解釈の場合の主名詞も「職人」一般を表すが，修飾節はそこから「高い技術をもった」という条件に合うものの集合

を取り出している．それゆえ制限的修飾となる．ちなみに，初めからある一人の，特定の「職人」が取り上げられている場合はどうだろう．

(22) 高い技術をもった，その職人

(22) の「その職人」は初めから同定済みであり，それ以上の同定作業を行うことができない．この場合，主名詞は固有名詞と同様の働きをもち，非制限的な修飾といえる．

以上のように，「制限的」「非制限的」の区別は，主名詞の指示対象が同定済みか否かによるものだと考えることができる．

連体修飾は，主名詞の表す事物の属性を示すことが基本である．大島（2010）では，当該の事物がもちうるさまざまな属性の集合の中から一つの属性を選んで提示する機能を「属性限定」と呼んだ．連体修飾のもつ，属性限定という機能によって，非制限的修飾という意味的関係が形成される．さらに，「属性限定」によって選ばれた属性を用いて，当該の事物の集合から部分集合を取り出す機能を「集合限定」と呼んだ．連体修飾節の集合限定によって制限的修飾という意味関係が形成される．

連体修飾の機能は，この二つの限定機能だと考える．このうち，属性限定の機能は，主名詞の表す事物がもちうる属性の中から一つを選び出すことであり，主名詞の指示対象の「同定」には関与しない．一方，集合限定の機能は，母体となる集合から部分集合を取り出すものであり，「同定」そのものといえる．

9.2.2 非制限的修飾節の意味的特性

次に，非制限的修飾節がもつ意味的特性について考えてみる．議論の手がかりとして，連体修飾節に特有な形式である，動作動詞のタ形が結果の状態を表す例を観察する．

(23) a. 帽子をかぶった子ども

  b. 帽子をかぶっている子ども／その子どもは帽子をかぶっている．

(23) a の修飾節は「帽子をかぶるという動作を行った子ども」という動作を表す解釈も可能だが，(23) b と同様の「すでに帽子をかぶっている状態にある」という結果状態を表す解釈のほうが優勢である．これを次の例と比べてみよう．

(24) 帽子をかぶった太郎君

この場合，結果状態を表す解釈も可能だが，「かぶる」という動作を行ったという解釈も同等に可能である．次の例もみてみよう．

(25) a.　年をとった男性……結果状態の解釈が優勢

　　 b.　年をとった山本さん……動作・変化の解釈が優勢

(26) a.　横になった男性……結果状態の解釈が優勢

　　 b.　横になった佐藤さん……動作・変化の解釈が優勢

(25) b (26) b では動作の解釈のほうが優勢である．

他方，(26) b は (27) のような，対比的な文脈におかれると結果状態の解釈がしやすくなる．

(27)　佐藤さんはそれでなくても顔色が悪いのだけれど，横になった佐藤さんはますます重病人のように見えた．

このように，非制限的連体修飾節に用いられる，状態を表すタ形は，対比的，一時的な状態を表す文脈でより自然に感じられる．「対比的」というのは，「状態Aのときは……だけれど，状態Bのときは……」というような場合である．また，「一時的」というのは，写真のキャプションなどが典型的だろう．

(28)　気をつけをした太郎君

なお，上の例のような修飾節が表すのは一時的な状態だが，主名詞の指示対象があらかじめ定まっており，修飾節は指示対象の同定にかかわらないため，非制限的修飾と考える．

9.2.3　非制限的連体修飾節の意味機能

従来，非制限的連体修飾は「付加的」情報を与えるとする見解がある（金水(1986) など）．上述の通り，非制限的修飾では，主名詞の指示対象が同定済みで，修飾節が主名詞の指示対象の同定に与らない．先行研究はこのことを，非制限的修飾がすでに指示対象が同定されている主名詞に情報を「付加する」ととらえたものと考えられる．この「付加」の内実について考察してみよう．

(25) b の「年をとった山本さん」で結果状態よりも動作の解釈のほうが優勢であることを観察した．また，(27) の「横になった佐藤さん」ではそれ以外の姿勢との対比が想定された．非制限的連体修飾において，指示対象が同定済みの事物について，複数の状態を範列的に想定し，そこから一つを選び出す

操作がなされるのは，その事物に関して相応の関心をもって詳しく観察するような状況に限られるだろう．最も端的には，上の例にみられるような，いくつかの具体的な場面を対比して観察するような場合である．

事物には，時間の流れの中でその事物が経る変遷過程（過去の履歴のみでなく，今後たどっていく過程も含む）が必ず存在する．属性限定というのは当該の事物がもつ複数の属性の中から一つを選び出すことである．ここで，事物の変遷過程の中で生ずる事象の一つひとつが事物の属性だと考える．上述の通り，非制限的連体修飾節の機能は属性限定であり，修飾節は指示対象である事物の変遷過程の中の事象から一つを選び出す．その結果，他の選ばれなかった事象との対比が自然に生まれる．(27) をはじめ非制限的連体修飾節が「付加」するのは，このようにして生じる「対比」の意味合いだといえる．

9.3 連体修飾節のテンス解釈

連体修飾節のテンス解釈については，近年さまざまな研究が進められている．連体修飾節をはじめ，従属節のテンス解釈では，主節時を基準とする解釈と，発話時を基準とする解釈がありうる．たとえば，次 (29) a は基準時のとりかたによって (29) bc の二通りの解釈が可能である．

(29) a. 試験で 8 割以上とった人を合格とする．

　　 b. （過去の）試験で 8 割以上とった人を（これから）合格とする［発話時基準］

　　 c. （未来の）試験で 8 割以上とった人を（試験後に）合格とする［主節時基準］

(29) a の修飾節述語はタ形だが，(29) c の解釈においては未来の時点における動作を表しており，主節時視点である．

9.3.1 ル形-タ形の組み合わせ

連体修飾節の述語がル形，主節がタ形の場合は，次の (30) のように，主節時基準，発話時基準のいずれの解釈においても［主節→修飾節］という時間的関係を表すのが一般的である．

(30) 特急列車に乗る人が一列に並んだ.

だが，ル形-タ形の組み合わせで，「修飾節事態→主節事態」という時間的関係が成立する場合もある．このタイプには，修飾節と主節の間の意味的関係によっていくつかの類型を設定することができる（大島 2008 による）．いずれの場合も，修飾節と主節の間の意味的関係と，文全体が表す時間的関係とが深く関係しあっている.

まず，次のように修飾節事態が成立する場合に必ず主節事態が成立することを表すものがある.

(31) 私は毎朝妻が丁寧にいれるコーヒーを飲んだ.

このタイプは，ここでは修飾節と主節の間に，修飾節事態が生ずる場合に必ず主節事態が生ずるという恒常条件的関係がある.

また，次の (32) は，修飾節事態が繰り返されると解釈できるものである.

(32) 小澤先生は旅先でみつける昔話を一冊の本にまとめた.

さらに，(33) のように，修飾節がある主体の相手に対するはたらきかけを表し，主節事態がそのはたらきかけに対する反応を表すものもある.

(33) 相手チームが必死で守るゴールに彼はいとも簡単にボールを蹴り込んだ.

9.3.2 修飾節・主節ともにタ形の場合

内の関係の連体修飾節構造で，修飾節述語も主節述語もともにタ形をとっている場合，発話時基準解釈では修飾節事態と主節事態の間に［主節事態→修飾節事態］という時間的前後関係の解釈が可能な場合がある．たとえば，次の (34) a は (34) bc の二つの解釈が可能である.

(34) a. 社長が使ったスライドは秘書が手直ししました.

    b. 「社長がスライドを使」い，その後で「秘書が手直しした」［修飾節事態→主節事態］

    c. 「スライド」を「秘書が手直し」し，その後でそれを「社長が使った」［主節事態→修飾節事態］

大島 (2011) によれば，このうち，(34) c ［主節事態→修飾節事態］の解釈が可能であるための条件は，以下の ①〜④ のようなものである.

① 発話時基準解釈が可能なためには修飾節部分と主節部分が意味的に対等でなければならない.

…主節事態は，必ず発話時視点で解釈される．修飾節事態が発話時視点で解釈されるためには，修飾節事態が主節部分と意味的に対等である必要がある.

② 主節の主格以外の名詞句が修飾節を含む場合，修飾節部分と主節部分が意味的に対等であるためには，当該名詞句が主題化されていなければならない.

…次の文は［修飾節→主節］の解釈に限定される.

(35) 社長が使ったスライドを秘書が手直しした.

③ ②で，修飾節部分と主節部分が意味的に対等な関係にある場合，両事態の時間的前後関係は，言語外的な知識によって左右される.

…上の例で，「社長」のために「秘書」が行う業務については一般的な知識に基づく解釈が必要となる.

④ 主節の主格名詞句が連体修飾節を含む場合，B→A の解釈は難しいが,「らしい」「のだ」などのモダリティ要素は,文の意味的構造を再編成するため,同解釈を可能にする.

…たとえば，次の例では「のだ」のない a は［修飾節→主節］の解釈に限定されるが,「のだ」のある b では［修飾節→主節]／[主節→修飾節］の両様に解釈できる.

(36) a. 大けがをした人は道でころびました.

　　 b. 大けがをした人は道でころんだのです.

9.3.3 連体修飾節のテンス解釈のまとめ

以上の例から，連体修飾節におけるテンスは，修飾節事態・主節事態の間の意味的な関係をはじめ，言語外的な知識までを動員した，文全体の意味的解釈の問題であることがわかる．したがって，三原（1992）の「視点の原理」が主張するように修飾節述語と主節述語のテンス形態のみによって解釈を決定するのは難しいと考えられる.

ここでは「内の関係」のテンスに触れた．「外の関係」のテンスについては

大島（2014a），また，連体修飾節におけるアスペクトについては大島（2016）に試論的な考察があるが，いずれも今後さらに考察を進めていく余地がある．

9.4 お わ り に

　日本語連体修飾節は英語の関係節などと比べ，比較的単純な統語構造をもっていると思われる．というのも，日本語には関係詞がなく，「内の関係」「外の関係」はいずれも統語形式上，同じ構造をもっているためである．それゆえ，連体修飾節の分析においては意味的解釈が中心的な役割を果たすこととなる．上で見た，「限定」という機能やテンス解釈がその端的な例である（ここから逆に，テンスという現象が意味的なものであることもうかがえる）．

　連体修飾に関しては，9.3.3項で扱ったテンス以外にも，修飾節述語のヴォイス，アスペクト，モダリティなどの文法項目，連体修飾節構造の歴史的変遷など検討すべきことがらが多数ある．ここでの記述を手がかりに，読者も連体修飾という奥深い森に分け入っていただければ幸いである．　　　　［**大島資生**］

【参考文献】

大島資生（2008）「連体修飾節と主節の時間的関係について」『日本語文法』8-1, pp. 101〜117

大島資生（2010）『日本語連体修飾節構造の研究』ひつじ書房

大島資生（2011）「日本語連体修飾節構造の時制解釈について—修飾節・主節がともにタ形述語をもつ場合—」『日本語文法』11-1, pp. 54-70

大島資生（2014a）「外の関係の連体修飾節におけるテンスについて」益岡隆志ほか編（2014）『日本語複文構文の研究』ひつじ書房, pp. 197-211

大島資生（2014b）「現代日本語の非制限的連体修飾節の特性について」小林賢次・小林千草編（2014）『日本語史の新視点と現代日本語』勉誠出版, pp. 472(151)-459(164)

大島資生（2016）「連体修飾節からみる現代日本語アスペクト」『人文学報』512-11 首都大学東京大学院人文科学研究科, pp. 1〜18

大島資生（2020）「日本語の相対名詞連体修飾の意味的特性」プラシャント・パルデシ, 堀江　薫編『日本語と世界の言語の名詞修飾表現』ひつじ書房, pp. 23-42

奥津敬一郎（1974）『生成日本文法論』大修館書店

加藤重広（2003）『日本語修飾構造の語用論的研究』 ひつじ書房

金水　敏（1986）「連体修飾成分の機能」『松村明教授古稀記念国語研究論集』明治
　書院所収

高橋太郎（1979）「連体動詞句と名詞のかかわりについての序説」

高橋太郎（1994）『動詞の研究』むぎ書房所収

寺村秀夫（1975〜1978）「連体修飾のシンタクスと意味（1）〜（4）」寺村秀夫（1992）『寺
　村秀夫論文集Ⅰ−日本語文法編−』くろしお出版，pp. 157〜320

松本善子（1993）「日本語名詞句構造の語用論的考察」『日本語学』**12**：11（明治書院），
　pp. 101〜114

三原健一（1992）『時制解釈と統語現象』くろしお出版

10 否定表現

10.1 否定文の原理

　肯定と否定とは，コインの裏表のように対等なものだと論じられることが多い．ワープロを打っていても，「〜ないわけではない」などと打つと，〈二重否定になっています〉という指摘が現れて，肯定表現を使うように指示される．また，論理学の概説では，〜〜P≡P（二重否定は肯定と同じ）という公式が示されている．

　しかし，朝何気なくカーテンを開けると，お日さまが輝いていた場合，(1) a のように肯定文を使うのは自然であるが，(1) b のように否定文は，普通は使わないだろう．

(1) a.　　あ，晴れている．

　　　b.　＃あ，雨が降っていない．

　このことにはいくつかの理由が考えられる．一つは，眼前に起こっている出来事をそのまま描写するならば，肯定文を使わざるをえないということである．否定的な出来事というものは，その出来事が起こっていないわけであるから，理屈上ありえないはずである．もう一つは，この場合のように，「雨が降っていない」と言っただけでは，曇っているのか，雪が降っているのか，はたまた暴風であるのかなどなどさまざまな場合があって，情報伝達上，情報量が非常に乏しいということである．

　とはいうものの，(1) b のような否定文は使うことがあるでしょ，と反論したい読者も少なくないだろう．そう，実際 (1) b を使いそうな場面はいくつも想定できる．

(2) a. （寝る前に聞いた天気予報では，明日は朝から雨が降っていると言っ
       ていたのに，朝からお日さまが輝いている）
       なあんだ，雨は降っていないや.

   b. （翌日の運動会のかけっこに出たくない子供が，雨が降って運動会
       がお流れになるように念じながら寝たのに，朝からお日さまが輝い
       ている）
       どうして？雨が降っていないよ.

　それでは，(1) b の場合と (2) a・b の場合とでは何が違うのだろうか. (1) b
の場合は，単に眼前の状態を描写しているのに対し，(2) a の場合は，前日に
雨が降るだろうという天気予報を聞いて，雨が降っているという予想をもった
上での発話であり，(2) b の場合は，運動会に出なくてすむように雨が降って
ほしいという希望をもった上での発話であった. このように，事前に話し手が
抱いている予想や希望をまとめて「期待」と呼べば，(2) a・b のような否定文
は，期待に対して現実が一致しないことを表しているということができそうで
ある.

　否定文の働きは，単に否定的な事態を述べることにあるのではなく，（肯定
的な）期待（あるいは他の事実）に対して当該の事実がそれと一致しないこと
を述べることであることを踏まえると，否定文にはどのような類型があること
になるだろうか. 以下のような否定文をみてみたい. (3) a・a′，(3) c・c′ はと
もに自然であるが，(3) b は不自然で，ノダを用いた (3) b′ は自然である.

(3) a.　書籍部では本を買わなかった.

   a′.　書籍部で本を買ったのではない.

   b.　＊書籍部ではこの本を買わなかった.

   b′.　書籍部でこの本を買ったのではない.

   c.　今日は車で大学に来なかった（ので地下鉄で帰らなければならな
       い）.

   c′.　今日は車で大学に来たのではない（ので地下鉄で帰らなければな
       らない）.

　これまでの議論の流れからすると，それぞれの文を単独で検討するのではな
く，これらが用いられる文脈を議論の中に取り入れる必要があるだろう. まず

(3) a が用いられる文脈とは以下のようなものなのではないか.

　(4)（三省堂で本を買った，丸善でも本を買った，しかし）

　　　書籍部では本を買わなかった．（＝(3) a）

　すなわち，「三省堂で本を買った」こと，「丸善で本を買った」こと，そして「書籍部で本を買わなかった」ことはそれぞれ独立した別の事態である．しかし「本を買った」かどうかという共通の観点で肯否を比べることができる．この「本を買った」かどうかという観点は，それぞれの事態に共通しているという点で「汎称表現」と呼ぶことにしたい．そうすると，この表現を図式化して表すと以下のようになる（ここで φ は肯定を表す）．

	汎称表現	
三省堂で	本を買った	φ
	↕ 対比	
書籍部で	本を買わ	なかった
	↕ 対比	
丸善で	本を買った	φ

　このような否定文の類型を「事態間対比」の否定文と呼ぶことにしたい.

　次に，(3) a′ が用いられる文脈は以下のようなものだろう.

　(5)（私が随分長いこと書籍部にいたので，友達が，きっと本を買ったんだろう，と言ったのに対して）

　　　書籍部で本を買ったのではない．（＝(3) a′）

　この場合も，本を買わなかった点に関しては，事態間対比の否定文と同じであるが，友達の「書籍部で本を買った」だろうという期待に対して，そうではないと打ち消すために否定文が用いられるという点で異なっている．ちなみに，この場合もどんな本であろうと「本を買った」かどうかが問題になっているという点で，汎称表現で期待と現実とが比べられていると考えられる.

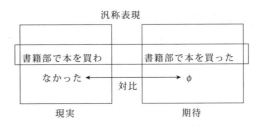

このような否定文の類型を「対期待対比」の否定文と呼ぶことにしたい.

　その次に考えたいのは, (3) b は不自然だが, (3) b′ は自然であることに関してである. (3) a・a′ との違いは, これらが「本」であるのに対して, (3) b・b′ は「この本」となっている点である. 指示語「この」の有無は, 英文法で言えば定・不定の違いに相当する. しかしこのことは, 名詞「本」の定・不定の違いに留まらず, 命題全体の性質の違いに波及する.「本を買った」かどうかは, 複数の事態にあてはめられる汎称表現であったが,「この本を買った」かどうかは, ある時ある所で一回的に起こった出来事にしかあてはめることはできない. このような表現を「特称表現」と呼ぶことにしたい. そうすると, 特称表現を (3) a のように複数の事態にあてはめようとする (3) b が不自然であることは了解できる. それでは, (3) b′ はどのような表現であると考えられるだろうか. ここにも用いられる文脈を考えてみる.

　(6) （友達も, 私が書籍部で本を買ったことは知っているが, それがこの本であると思っているのに対して）

　　　書籍部でこの本を買ったのではない.（＝(3)b′）

　この表現も, 聞き手の期待と対比的であるという点では, 先の対期待対比の否定文と共通している. しかし, 対期待対比の否定文がそもそも「書籍部で本を買った」かどうかを問題にしていたのに対して, この否定文は, 話し手も聞き手も「書籍部で本を買った」ことは共通の了解事項である. この共通の了解事項を「前提」と呼ぶ. そしてそのうえで, その買った本が「この本」であるかどうかを問題にしているのである. この聞き手が知らないから教えてあげる部分を「焦点」と呼ぶ.

このような否定文の類型を「要素独立対比」の否定文と呼ぶことにしたい．ここで"独立"という語が入っているのは，次の類型との違いを示すためである．

最後に，(3) c・c′ に関して検討したい．この両者はいずれも自然であり，また表している内容にも大差はない．それではこれらはどのような文脈で用いられるのだろうか．

(7) (大学で会話しているので，聞き手も話し手が大学に来たことは知りつつ，聞き手は話し手がいつもは車で登校することを知っているのに対して)

    a. 今日は車で大学に来なかった（ので地下鉄で帰らなければならない）．(=(3) c)

    a′. 今日は車で大学に来たのではない（ので地下鉄で帰らなければならない）．(=(3) c′)

すなわち，この場合も，話し手が今日大学に来たことは話し手にも聞き手にも共通了解である前提となっている．そのうえで，交通手段が「車」であることを打ち消しているのである．そういう点では，先の要素独立対比の否定文と変わるところはない．しかるに要素独立対比の場合は，ノダを用いない (3) b が不自然であったのに対して，この場合はノダを用いない (3) c=(7) a も自然である．これはどのような違いに基づくのであろうか．どうやら焦点となっている要素の特徴が問題なのではなかろうか．すなわち (6) の場合,「この本」を買わなかったからといってどの本を買ったのか不明である．しかるに(7) a・a′=(3) c・c′ の場合,「車」でなければ選択肢は限られており,「地下鉄」などであることを暗に示している．

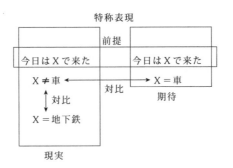

　このように図示してみると明らかなように，ここに示した構造は，先の要素独立対比の否定文とほとんど同じである．違いは，「車」ではないと言明したことが，「地下鉄」などであることを含意するという点である．このような否定文の類型を「要素連動対比」の否定文と呼ぶことにしたい．

　ここで要素連動対比の否定文の場合，ノダ文を用いてもよいが，用いなくてもよいことに関して，要素連動対比の構造の中に対比が二箇所みられることに注目したい．これまでの議論を通して，期待と現実との対比関係が見出される場合にはノダが用いられた．しかるにここには，「車」なのか「地下鉄」なのかという点にも対比が見出され，むしろ「地下鉄」（や他の交通手段）で来たことを含意することに重きがある場合には，ノダは用いられなくてもよい，と説明することができそうである．

　以上の否定文の類型をまとめてみたい．事態間対比のみが当該の事態を他の事態と対比しており，それ以外は他者の期待と現実とを対比しているので，他の三者を併せて「事態内対比」と呼ぶことにしたい．また，対期待対比は事態の真偽そのものを問題にしているのに対して，あとの二つは事態の成立は前提として要素の適不適を問題にしているということから，その二つを「要素間対比」と呼ぶことにしたい．そうするとこの四つの否定文の類型は以下のように体系をなすことになる．

　ここでノダが用いられる否定文はどのようなものかと考えると，いずれも期待と現実との間に対比関係が成立するものであったと了解される．言い方を変えると，ノダは他者の期待を準体格助詞ノによって体言化する働きを担っていたと言うことができる．

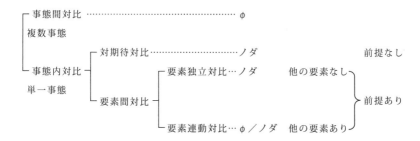

10.2　否定文の諸問題

　ここまでみてきた否定文の根本的な原理を踏まえて，簡単に否定に関するいくつかの興味深い問題点に触れてみたい．

10.2.1　数量詞と否定文

　否定というと，しばしば数量との関係が問題にされており，その最たるものが論理学である．論理学の数量辞には∀（全称数量辞，およそ「すべて」にあたる），∃（存在数量辞，およそ「いくつか」にあたる）が用いられる．たとえば，(8) a と (8) b とは同じ意味であるといわれる．

　(8)　a.　すべての矢が的に当たった．（$\forall x f(x)$）

　　　　b.　いくつかの矢が的に当たらなかったわけではない．（$\sim\exists x\sim f(x)$）

　論理学的には正しいとしても，日常言語としては首をかしげざるをえない．その理由の大きな部分は，「いくつか」の意味にある．存在数量辞の意味は，むしろ「～がある」とでも言う方が近く，日常言語にはそれに対応する数量詞は見出されない．日常言語で全称数量詞と対になるのは，非全称数量詞（「ほとんど」「大部分」など）というべきである．

　全称数量詞と非全称数量詞の働きを，肯定・否定，ハの有無によって検証すると以下のようになる．全称数量詞は，肯定文ではハは用いられず（(9) a・b），否定文ではハがないと全部否定となり（(9) c），ハがあると部分否定となる（(9) d）．非全称数量詞は，肯定文でも否定文でも用いられ，ハの有無はあまり意味には関わらない（(10) a～d）．

(9) a.　　同窓会にクラスの<u>全員</u>が来た.

　　b.　＊同窓会にクラスの<u>全員</u>は来た.

　　c.　　同窓会にクラスの<u>全員</u>が来なかった.

　　d.　　同窓会にクラスの<u>全員</u>は来なかった.

(10) a.　　同窓会にクラスの<u>ほとんど</u>が来た.

　　b.　　同窓会にクラスの<u>ほとんど</u>は来た.

　　c.　　同窓会にクラスの<u>ほとんど</u>が来なかった.

　　d.　　同窓会にクラスの<u>ほとんど</u>は来なかった.

　先に非全称数量詞の方から考えたい. ここで注目したいのは，"残部"（「来た人」に対する「来なかった人」のこと）があるかどうかである. 非全称数量詞には残部が存在し，両者は対比関係にある（ほとんどは来たが，若干は来なかった）. このように，肯定文にせよ否定文にせよ，本質的に非全称数量詞には残部と対比関係が含まれているので，ここに対比のハがあってもなくてもあまり意味は変わらないことになる（(10) a～d）.

　それに対して，全称数量詞の場合は，残部がないために肯定文の場合には，対比のハは用いられない（(9) a・b）. 否定文の場合，ハがなければ全部否定となるのは説明を要しないだろう（(9) c）が，ハがあれば全称と非全称との間の対比関係が喚起され（「全員来た」のではなく「ほとんど来た」），これが部分否定と呼ばれる意味になる.

　このように，数量詞の問題は，否定文の類型のうち，要素独立対比ないし要素連動対比の構造によって説明される. またここにも対比の働きが大きく関わっていることをみた.

10.2.2　情態副詞と否定文

　かつて，交通標語 (11) a は「車は急停車できない」という意味にはならず，それを意味するには，ハを入れて (11) b のようにしなければならないと論じられたことがある（恐らく全称数量詞の振る舞いからの類推と思われる）.

(11) a.　（飛び出すな）車は<u>急に</u>止まれない

　　b.　車は<u>急に</u>は止まれない

直感的には，ハを入れても入れなくても，「車は急停車できない」という意

味にとれるのであるが，それを説明しようと多くの論者が参加して甲論乙駁の大論争になった．現在の観点から振り返ると，実は情態副詞には否定との関係で，以下の四つの類型があると考えられる．

第Ⅰ類は，(12) a・b のように，一方ではハがあってもなくても，教育理念に則って叱るという解釈ができるが，(12) a はもう一つ，生徒を可愛がる一方でそもそも叱らないという解釈もできる．

(12) a. 井上先生は生徒を<u>私情で</u>叱らない．

b. 井上先生は生徒を<u>私情で</u>は叱らない．

この場合，「私情で」は「叱る」「叱らない」どちらの情態でもありうる．すなわち動作の直接的な情態ではないことになる．

第Ⅱ類が「車は急に（は）止まれない」の場合で，ハがあってもなくても，車は急停車できないの意味になる．この場合，「急に」は「ゆっくり」などと対になり，スケールをなす．言うまでもないが，「急に」「ゆっくり」は車が「止まる」情態であり，「止まらない」情態ではない．そして「急に」を打ち消すことにより対比関係にある「ゆっくり」であることを示す（「ゆっくりなら止まれる」）．

第Ⅲ類は，動詞肯定形専用の副詞で，そもそも否定形には用いられないものである．

(13) a. 星が<u>きらきらと</u>輝いている．

b. ＊星が<u>きらきらと</u>（は）輝いていない．

ここで「きらきらと」には，「急に」に対する「ゆっくり」のような対は考えにくく，スケールをなさない．

第Ⅳ類は，動詞否定形専用の副詞で，ハは用いられない．

(14) a. ＊あたりは<u>ひっそりと</u>物音がする．

b. あたりは<u>ひっそりと</u>物音もしない．

c. ＊あたりは<u>ひっそりと</u>は物音もしない．

「ひっそり」と対になるような情態副詞は見出されず，そのため対比のハも用いられない．

以上をまとめると以下の図のようになる．

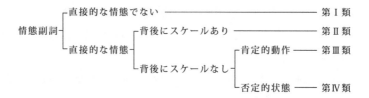

　以上のように，情態副詞と否定との関係は一通りではなく，情態副詞の意味によっていくつかの類型に分けることができる．

10.2.3　二　重　否　定

　さて本章は，冒頭に二重否定文は肯定文と本当に同じ意味なのか，という問題から議論を始めた．たとえば（15）a のように一文だけをみせられると，これは肯定文「お小づかいをもらう」に書き換えるべきであると思われるかもしれない．しかし実は（15）a は（15）b のような小説の一節から切り出したものであった．この文脈では，読者は「吾一はおやつをたべていなかったから，わけても腹がすいていた」のであれば，きっとお小づかいをもらっていないのだろう，と予想する（期待）と思われる．作者はそれを見越して，読者の期待を打ち消してみせる，それが二重否定なのであると考えられる．

（15）a.　お小づかいをもらわないわけではない．

　　　b.　そのころ，吾一はおやつをたべていなかったから，わけても腹がすいていた．お小づかいをもらわないわけではないけれども，小づかいは，毎日，貯金バコにほうりこむことにしていた．

（山本有三『路傍の石』）

　このように，二重否定は他者の否定的な期待を打ち消すという積極的な働きを担っており，決して肯定文と同じ意味であるとはいえない．しかしその働きは，話し手や聞き手などをもとに構成される談話の構造をもとにしなければ解明できない．　　　　　　　　　　　　　　　　　　　　　　　　　　　　[**井島正博**]

【参考文献】

井島正博（1991）「否定文の多層的分析」『成蹊国文』**24**, pp. 1-73

井島正博（2013a）「数量詞と否定文」『成蹊人文研究』**21**, pp. 1-27

井島正博 (2013b)「副詞句と否定文」『成蹊大学一般研究報告』**47**, pp. 1-26

井島正博 (2014)「否定文」『日本語文法事典』大修館書店

太田　朗 (1980)『否定の意味』大修館書店

加賀信広 (1997)「数量詞と部分否定」『日英語比較選書4　指示と照応と否定』研究社出版, pp. 91-184

Kato, Yasuhiko (1983) 'Negation and Focus in Japanese' "*Sophia Linguistica* **11**

久野　暲 (1978)『新日本語文法研究』大修館書店

Horn, Laurence R. (1989) "*A Natural History of Negation*", The University of Chicago Press

11 形式名詞述語文

11.1 形式名詞述語文とは

日本語の文は，述語の品詞によって大まかに分類すると，次のようになる.

(1) 窓を<u>開けた</u>.　　（動詞述語文）

(2) 空気が<u>冷たい</u>.　（形容詞述語文）

(3) 今日から <u>11 月だ</u>.（名詞述語文）

これらの文の種類によって，文法的な違いがある. たとえば，丁寧にするとき，動詞述語文は「開けました」のように「ます」を使い，形容詞述語文と名詞述語文は「冷たいです」「11 月です」のように「です」を使う. また，動詞述語だけが次のような文法カテゴリーの分化があるといった違いもある.

(4) 窓は開け　　<u>られ</u>　　　　　<u>てい</u>　　　た.
　　　　　　　ヴォイス–受動　　アスペクト–結果

さらに日本語では，名詞文に似た次のような文もよく使われる.

(5) そのとき，部屋が寒い理由がわかった. 窓が開いていた<u>のだ</u>.

(6) 家を出るとき窓を閉めた<u>はずだ</u>.

たとえば (6) は次の (7) のように「はず」がその前の部分をまとめあげるような形で，名詞文と同じ「〜だ」という形の文になっている.

(7) ［家を出るとき窓を閉めた］はず　だ.

「はず」のように名詞としての実質的な意味は薄れているが，名詞の性質をもっている語は，形式名詞と呼ばれる. 本章では，(6) のように形式名詞が連体修飾を受けて述語として使われている文を形式名詞述語文と呼ぶ. なお, (5) のような「の」は名詞ではないが，「〜のだ」の形で名詞文と似た文になり，

日本語において重要な働きをするため，本章で取り上げる．以下，「のだ」「ものだ」「ことだ」「わけだ」「はずだ」「ところだ」「つもりだ」の順で見ていく．

　なお，これらを助動詞とする立場と，名詞「もの」+「だ」といった構造だと捉える立場がある．それぞれの形によっても事情が異なり複雑なため，本章ではその問題には立ち入らず，「形式名詞述語文」と呼ぶ．

11.2 「の　　　　　だ」

11.2.1 「のだ」とは

　「のだ」は，「のだ」「んだ」「のです」「んです」「のである」「の」といった形で現れる．質問文では，「んですか」「の（か）」といった形をとる．

　次のような例をみると，日本語で「のだ」がよく使われることがわかる．(8)は結婚式の披露宴の客同士の会話である．

(8)「私は新郎のテーブルですよ．最近どういうわけか，やたらスピーチを
　　頼まれまして……実は今日も，トップバッターな*んです*」
　　（中略）
　　「えー，ほんとですか．彼女もスピーチする*んです*よ．ね，こと葉？」
　　「そうな*んです*よ．さっきから超緊張しちゃってて．スピーチメモを棒
　　読みすればいい*んだ*からって，あたしたち励ましてた*んです*．ね，こと
　　葉？」
　　　美和と奈菜はすっかりはしゃいで，私の肩を両側からぽんぽん叩いた．
　　（原田マハ『本日は，お日柄もよく』徳間文庫 2013, p.75）

　(8)のように「のだ」が使われた文では，そのことを相手に認識してもらおうという話し手の気持ちが感じられる．

　「の」自体に実質的意味はなく，次の(9)のように名詞化の働きがある．したがって，「のだ」の性質は，文を「[〜の]+だ」という名詞文の形にすることから生じている．

(9)柴犬が走っている*の*が見えた．

　[〜の]と名詞化してから「だ」を付けると，話し手がその事態を，既に定まった確かなこととして捉えていることが表される．たとえば，次の(10)で

は私がスピーチをすることが前から決まっていたのかどうかわからないが,「の
だ」のある (11) では既に定まったこととして示されている.

　(10) 私がスピーチします.

　(11) 私がスピーチする<u>んです</u>.

　前にみた (8) のようにその事態を知らない相手に対して,「〜のだ」という
形で既に定まったこととして示すと, そのことを相手に認識させようという話
し手の気持ちが表されることになる.

11.2.2 「のだ」による関係づけ

　「のだ」が名詞文の形であることから生じる大切な性質はほかにもある. 名
詞文は基本的に「A は B だ」という形だが,「のだ」の文はその後半の「B だ」
の形をしている. そのため,「のだ」の文は何かと関係づけられる事態を示す
ことが多い. (12) の名詞文では,「兄」について相手の知らない「医者」だと
いうことを B で示している. (13) の「のだ」文では, くしゃみを繰り返して
いる状況について, 相手の知らない事情である「(自分は) 花粉症だ」を示し
ている.

　(12) 　　　　兄　　　　 は 　医者　です.

　(13) (くしゃみを繰り返して) 　花粉症な　んです.

　このように「のだ」は, それまでの文や状況に関係づけて, 相手の知らない
事情や意味を示す際に使われることが多い. 次の (14) では, 前の文で述べた
「さらに驚愕した」に関係づけて, その事情を「のだ」の文で示している.

　(14) 室内を眺め, 右手の壁を振り返るようにしたところで, さらに驚愕し
　　　 た. 壁に背をつけ, 座り込む男がいた<u>のだ</u>. (伊坂幸太郎『首折り男の
　　　 ための協奏曲』新潮文庫 2016, p.64)

　次の (15) では, 話し手が来週の土曜日にグローブをもってくることの事情
を「のだ」の文で示している. 前項でみた, 相手が認識していないことを認識
させようという話し手の気持ちも感じられる.

　(15)「いいよ. じゃあ, 来週の土曜日, ここでまた. グローブ持ってくる.
　　　 こう見えて, おじさん, キャッチボールが得意な<u>んだ</u>よ」(伊坂幸太郎
　　　 『首折り男のための協奏曲』新潮文庫 2016, p.110)

段落の最後でそれまでの内容を要約して結局どういう意味なのかを示す(16)のような「のだ」も，それまでの文章とその文を関係づけている．

(16) つまり，いつの時代でもどんな地域でも，そしてあらゆる年齢層にあっても男の方が女よりも死にやすい．こうしてみると，男の方が人生たいへんだから，という自己陶酔的なヒロイズムは無力であることがわかる．歴史的，社会的にではなく，生物学的に，男の方が弱い<u>のである</u>．（福岡伸一『できそこないの男たち』光文社新書 2008，p. 193）

11.2.3　さまざまな「のだ」の文

11.2.1 項でみた，すでに定まったこととして示し相手に認識してもらおうとする性質から，「のだ」の文は相手がすべきことを改めて示すときにも使われる．

(17) 「言っただろ？　さっさと片づける<u>んだ</u>」

また，話し手が認識していなかった事態を，既に定まっていたものとして把握するときにも，(18) (19)のように「のだ」が使われる．

(18) なんだろう，この気持ち．何かに似てる．

ああ，そうだ――誰かを好きになったとき，恋してしまった瞬間に似てる<u>んだ</u>．（原田マハ『本日は，お日柄もよく』徳間文庫 2013，p. 281）

(19) 「へえ．そんなことで，辞める<u>んだ</u>」

研究所を退職したいと思っていると相談したときの佃に，沙耶は侮蔑するような口調でそういった．（池井戸潤『下町ロケット』小学館文庫 2013，p. 71）

関連する問題として，「のだ」をつけることで自然になる文がある．たとえば，(20)のように話し手以外の感情や願望を断定する文は通常は不自然だが，(21)のように「のだ」をつけると自然になる．

(20) ?橋本くんは悲しい．

(21) 　橋本くんは悲しい<u>んだ</u>．

(21) では，橋本くんの表情などから，「橋本くんが悲しい」ということを話し手の知らないところで定まったものとして把握していることが表される．

「のだ」は，質問文にもよく使われる．(22)のように状況の事情を問うとき

などは,「のだ」を使うのが自然である.

(22)「どうしたんだよ. 具合でも悪い<u>のか</u>?」

　　　私のスプーンがちっとも動かないのを見て,厚志君が声をかけた.（原
　　　田マハ『本日は,お日柄もよく』徳間文庫 2013, p.142）

「のだ」の質問文では,平叙文と対照的に,相手が知っていて話し手が知ら
ないことを認識したいということが表される. そのため,授業で教師自身は答
を知っているのに質問する (23) のような文では,「のだ」は使われにくい.

(23) 教師「明治時代は何年に{終わりました／?終わった<u>んです</u>}か?」

また,「のだ」は,文を名詞文と同じ形にすることから,(24) のように文の
一部を否定などの焦点にするときにも使われる.

(24) <u>隠そうと思って</u>置き場所を{変えた<u>んじゃない</u>／?変えなかった}よ.

(24) の否定の焦点は「隠そうと思って」である.「変えなかった」の形だと「置
き場所を変えた」という事態の成立が否定されてしまうので,この場合は不自
然である.「のだ」を使って (25) のような形にすることで,述語によって表
される事態の成立以外の部分を否定の焦点にできる.

(25) [<u>隠そうと思って</u>置き場所を変えた] の　ではない

以上のように,「のだ」は日本語において<u>重要かつ多様な働き</u>をしている.

11.3 「も　の　だ」

　形式名詞「もの」に「だ」が付いて形式名詞述語文を作るのが「ものだ」だ
が,「もの (物)」は (26) のように普通名詞としても使われる.

(26) 物が多すぎて,部屋が散らかっている.

　そのため,特に「ものだ」については,普通名詞の「物」に「だ」が付いて
いるのか形式名詞述語文なのかの区別が難しいことがある.本章では,次の(27)
のような「もの」は普通名詞とみなし,(28) のように「ものだ」に「物」+「だ」
以外の意味があるものを形式名詞述語文とする.

(27) これは友達からもらった<u>もの</u>だ.

(28) 人間は間違える<u>ものだ</u>.

とはいえ,形式名詞述語文の「ものだ」の性質は,名詞「物」と関係してい

る.「物」は「事」とは違い,変わらず在る物質を一般的に指す.「食べる物」「部屋にある物」などである.「ものだ」にもその性質が反映される.

　その性質がもっともわかりやすいのが,上の（28）や次の（29）（30）のように事物の本質や一般的な傾向を表す「ものだ」である.（30）のように,変えることはできないという諦観が感じられることがある.

　（29）「暑い,暑いと言っているうちに.夏は過ぎてゆく<u>ものだ</u>」（小川洋子
　　　　『博士の愛した数式』新潮社 2003, p. 190）

　（30）うまくいかないときは,どうあがいてもうまくいかない<u>ものだ</u>.

　本質や一般的傾向を表す「ものだ」と連続する用法として,行為の実行が望ましいことを表す次の（31）のような「ものだ」がある.

　（31）新入りは先輩の指示に従う<u>ものだ</u>.

　（31）では,総称的な名詞「新入り」を主題として意志的な行為が「ものだ」によって示されることで,「新入り」はその行為を実行することが一般的に望ましいということが示され,間接的に相手に行為の実行を促す文となる.

　本質や一般的傾向を表す「ものだ」と行為の実行が望ましいことを表す「ものだ」は非過去形に接続するが,（32）のように回想を表す「ものだ」は過去形に接続する.習慣的な出来事を回想することが多い.単に思い出すのではなく,手の届かない過去の思い出をしみじみとなつかしむようなときに使われる.

　（32）あの頃は,ささいなことで喜んだり悲しんだりした<u>ものだ</u>.

　「ものだ」のもうひとつの用法は,感心やあきれを表す用法である.

　（33）「いろいろ考える<u>ものだ</u>な」（伊坂幸太郎『首折り男のための協奏曲』
　　　　新潮文庫 2016, p. 163）

　（34）よくもまあ,そんな辞め方ができた<u>もんだ</u>.

　以上のように「ものだ」は,変わらず在る一般的なものを表すという性質を根幹として,用法の広がりがある.

11.4 「こ　と　だ」

　形式名詞「こと」に「だ」が付いて固有の意味をもつのが「ことだ」である.「ものだ」同様,形式名詞述語文かどうかがわかりにくいこともある.（35）は,

「AはBだ」のBの部分が「〜こと」の形になっているだけの名詞文である.

　(35) 大切なのは，よく眠ることだ.

　一方，(36) は，相手のためにはその行為の実行が必要，重要であるという話し手の判断を示しており，形式名詞述語文である.

　(36)「理科嫌いは結構だ. でも覚えておく<u>ことだ</u>な. わかんないものはどう
　　　　しようもない，などといっていては，いつか大きな過ちを犯すことに
　　　　なる」(東野圭吾『真夏の方程式』文春文庫 2013, p.71)

「ことだ」には，「ものだ」と同様，感心やあきれを表す用法もある.

　(37) こんなにたくさん，よく書いた<u>ことだ</u>.

11.5 「わ　け　だ」

11.5.1 「わけだ」の基本

　形式名詞「わけ」に「だ」が付いて固有の意味をもつのが「わけだ」である.「わけ」には理由，経緯といった意味があるため，その意味が反映され，「わけだ」の文では，論理的な必然性が表される.

　「わけだ」は，それまでの文の内容に基づいて，論理的必然性のある帰結や結果を提示したり，把握したりすることを表す. (38) では，「もう一人誰かがいたからグラスが二つある」というのが事実だが，グラスが二つあることから論理的に考えて，「もう一人誰かがいた」という帰結が導き出されている.

　(38)「グラスが二つということは，もう一人，誰かがいた，という<u>わけだ</u>よ
　　　　な」(伊坂幸太郎『死神の精度』文藝春秋 2005, p.91)

　(39)「以前の店は七丁目にあったんです. ソニー通りってわかりますか. 当
　　　　時の店は十人入るのがやっとという狭さでね. おかげさまで贔屓にし
　　　　てくださる方が増えたものですから，思いきってこっちに越してきたっ
　　　　て<u>わけです</u>」(東野圭吾『真夏の方程式』文春文庫 2013, p.382)

　(40) のように，帰結というより換言と考えられる用法もある.

　(40) 細胞は分化を果たすと，一般に分裂を止めるか，その分裂速度を緩める.
　　　　つまり自分が何者であるかを知り，落ち着く<u>わけである</u>. (福岡伸一『で
　　　　きそこないの男たち』光文社新書 2008, p.199)

11.5.2 「わけだ」と「のだ」

「わけだ」は「のだ」に似た使われ方のことがあるが，「わけだ」には論理的必然性を示す性質がある．したがって，「わけだ」も「のだ」も使える場合には，「わけだ」を使ったほうが論理的必然性のある帰結や結果であることが示される．「のだ」を使うと，前の文の内容が何を意味するかを示すことになる．

（41）電気・水道・ガスの契約をし，寝具を買い，生活用品を揃えた．生活の基盤が整った{わけだ／のだ}．

ただし，このように「わけだ」と「のだ」が置き換えられるのは，「のだ」の用法の一部に過ぎない．(42)のようにそれまでの文と関係づけていない場合，(43)のように言語化されていない状況について事情を提示する場合など，「のだ」は使えるが「わけだ」は使われにくいという文は多い．

（42）実は来年，留学する{んです／？わけです}．

（43）［くしゃみを繰り返して］花粉症な{んです／？わけです}．

逆に，「わけだ」には，(44)のように，認識していた事態について事情を知り，必然性を納得する用法があるが，「のだ」にはない．

（44）事故があったのか．渋滞してる{わけだ／＊んだ}．

11.5.3 「わけだ」の否定

「わけだ」には否定の形が三つある．

まず，「わけではない」は，それまでの文の内容や状況を根拠として，相手が推論によって導き出した帰結や，相手や一般の人々が導き出すと予想される帰結を否定するときに使われる．(45)は，相手が推論を示した後にそれを否定する例，(46)は一般的に予想される推論を否定する例である．

（45）［相手が上着を着たのを見て］「もう帰るの？」

　　　「いや，帰る<u>わけじゃない</u>よ」

（46）トイレから人の気配が消えて昼休みが終わり，でもどうしても出る気が起きなくて，制服がしわになるのもかまわずに便器のふたの上で三角座りをし続けた．たとえ上司が呼びに来ても上からバケツの水がふってきても外に出たくない．さぼりたい<u>わけじゃない</u>．辞めたい<u>わけでもない</u>．ただ会社が嫌なだけだ．（綿矢りさ『勝手にふるえてろ』文春

文庫，2012，p. 11)

　否定される帰結に，「すべて」「必ず」のように全面的に肯定する語や，「すごく」のように程度が高いことを表す語が含まれている場合，「わけではない」によって，相手の推論ほどの程度には至らないという部分否定が表される．

　(47) 必ずお答えできるという<u>わけではありません</u>．

　「わけだ」の否定の二つ目，「わけにはいかない」は，その行為が倫理的，常識的に考えて望ましくないために実行できない，実行してはいけないという判断を表す．

　(48) 本当はやめてしまいたいが，途中で投げ出す<u>わけにはいかない</u>．

　(49) そのかたのように，名もなく，目立たずとも，未来の子供たちのために
　　　と，こつこつといまの日本を作り上げてきたお年寄りに，さびしい
　　　思いをさせる<u>わけにはいかない</u>．（原田マハ『本日は，お日柄もよく』
　　　徳間文庫 2013，p. 298)

　「わけだ」の否定の三つ目，「わけがない」は，そのことが成立するとは考えられない，ありえないと，強く否定するときに使われる．

　(50) その程度の覚悟で司法試験に受かる<u>わけがない</u>．

11.6 「は　ず　だ」

　形式名詞「はず」に「だ」が付いて固有の意味をもつのが「はずだ」である．
(51) のように，根拠に基づけば当然そうである，それが道理であるという判断を表す．

　(51) 「こちらで調べたかぎりですと，梶本さんのお宅と川畑さんのお宅は，
　　　十年以上，あの社宅で一緒だった<u>はずです</u>．その間，付き合いはあっ
　　　たんでしょうか」（東野圭吾『真夏の方程式』文春文庫 2013，p. 269)

　「わけだ」と似た用法として，認識していた事態について事情を知り，必然性を納得するときにも使われる．

　(52) 事故があったのか．渋滞してる｛はずだ／わけだ｝．

11.7 「と こ ろ だ」

　形式名詞「ところ」に「だ」が付いて固有の意味をもつのが「ところだ」である．次のように，動詞の「〜た」「〜ている」「〜る」の形に付いて，出来事の時間的経過の中の，まさにその段階であるということを表す．

　(53) ちょうど今，帰ってきた<u>ところです</u>．

　(54) 今，準備をしている<u>ところです</u>．

　(55) 今から出かける<u>ところです</u>．

　(53) では，帰ってきた後の段階であることが，(54) では準備をしている最中の段階であることが，(55) では出かける直前の段階であることが表される．

11.8 「つ も り だ」

　形式名詞「つもり」に「だ」が付いて固有の意味をもつのが「つもりだ」である．(56)のように，その意志をもっているということを表すのが基本である．

　(56) どれだけ遅くなっても今日中には仕上げる<u>つもりだ</u>．

　質問では，相手に「そういう意志をもっているのか」と問うことになるため，非難や不満を表すことが多い．

　(57) 私たちには知らせない<u>つもりですか</u>．

　過去形に接続すると，事実はどうあれ，そう思っていたという意味になる．

　(58)「三田さんがおっしゃったことはそのまま記事にさせていただいた<u>つもりですが</u>」（池井戸潤『下町ロケット』小学館文庫 2013, p.192）

11.9 お わ り に

　本章では，各形式名詞述語文の基本的な性質と主要な用法だけを取り上げたが，それぞれの意味・用法にはさらに広がりがある．

　「のだ」「わけだ」以外の否定形には触れることができなかったが，「形式名詞＋ではない」の形をとるもの，「形式名詞 {は／が} ない」の形をとるもの，

両方の形をとるものがある．「ところだ」は(64)に示すとおり否定にならない.，

(59) 人の嫌がることをする<u>もんじゃない</u>．

(60) そんなに無理して働く<u>ことはない</u>よ．

(61) 明日までに間に合う<u>はずがない</u>．

(62) あなたを馬鹿にする<u>つもりじゃない</u>．

(63) やめる<u>つもりはない</u>．

(64) 今帰ってきた{＊ところじゃない／＊ところはない}．

また，従属節末の「〜もので」「〜ところを」のような表現も多彩である．

［野田春美］

【参考文献】

佐治圭三（1992）『日本語の文法の研究』ひつじ書房

寺村秀夫（1984）『日本語のシンタクスと意味Ⅱ』くろしお出版

日本語記述文法研究会編（2003）『現代日本語文法4　第8部 モダリティ』くろしお出版

野田春美（1997）『「の（だ）」の機能』（日本語研究叢書9）くろしお出版

吉川武時編（2003）『形式名詞がこれでわかる』ひつじ書房

12 語 用 論

　多くの文法研究はことばの世界に沈潜し，そこに規則性を求めようとする．それに対して語用論は「ことばの世界の内部のみ」という限定を設けず，むしろ「ことばの世界の外部」に積極的に観察の目を向ける．ことばを発する人間，発せられたことばを聞く（あるいは読む）人間，ことばが発せられる状況，それらをすべて視野におさめ，その中でことばのあり方を探る，壮大な学問分野といえる．ただし本章は紙数がごく限られている上に，そもそも（語用論それ自体ではなく）現代日本語文法の概説の一環をなすものであるため，語用論の理論紹介はほぼすべて割愛し，現代日本語文法の研究に必要と思える「語用論的思考」の一部を，主に筆者の研究例を用いて簡単に紹介するにとどめる．

12.1　発　　　　　話

　多くの文法研究は語句や文をあたかも発話と切り離されたモノのように扱いがちだが，これらは発話という行為の型にほかならない．語用論が注目するのはまさにこの発話という行為である．以下，「遂行性」「権利」「時間経過」という発話の 3 面から，現代日本語の文法に語用論的な光を当ててみたい．

12.1.1　遂行性と「やってみせる」

　発話に関する語用論の重要な成果の一つに，発話が多かれ少なかれもっている「遂行性」の発見（Austin 1962）がある．たとえば「この船をクイーンエリザベス号と命名する」という発話は，適当な状況で適当な者が行えば，当該の船の名がクイーンエリザベス号という名に定まる．つまり発話は，何らかの事物（いまの例なら名付け）を実現させる力をもっている．遂行性とは発話の

このような性質を指す.

　遂行性は，発話が，情報の伝達というよりも，「相手の前でやってみせる」[1]
という行為であることの現れと考えることができる．この「やってみせる」と
いう発話観は，現代日本語のさまざまな発話の分析に有効である.

　一例をあげる．何事かを検討している最中に発する「さー」は，「えーと」
などと異なり，検討しても相手の望む答が出せない場合専用のことばである.
自動販売機のありかを訊ねられて検討しつつ「さー」と言えるのは，続けて「こ
のあたりに自販機はない」あるいは「わからない」と答える場合に限られる.
相手の望む答を出せる次の例 (1) では，「えーと」の a と違って「さー」の b
は不自然である．（文頭の二重疑問符は不自然さを示す．以下も同様.）

　(1) a.　　えーと，そこを左に曲がったらすぐ右手にあります.

　　　 b. ?? さー，そこを左に曲がったらすぐ右手にあります.

　つまり「さー」と言い始める段階で話し手は，自分の検討結果（が相手の望
むものでないこと）を既に知っている（でないと「さー」とは言えない）．自
分の検討結果を知っていながら「さー」と言って検討するという振る舞いは,
情報伝達的な発話観によれば無駄な振る舞いということになってしまう．情報
伝達的な発話観では，この振る舞いが現代日本語社会に現に存在することを説
明できない．また，この振る舞いが，「さー」なしでいきなり「ちょっとわか
りません」などと答えるよりも丁寧でさえあるということも説明できない．情
報伝達的な発話観に固執して「『さー』は検討中のことばではない．検討終了
後に『あなたに悲しいお知らせがあります』と言う，悲報の前触れのことばだ」
などと考えてもうまくいかない．ではなぜ「さー」は腕を組んだり片手をあご
に接触させたりという，検討中を思わせる仕草と共に発せられるのか，なぜ次
の実例 (2) のように「さー」の後に検討中のことば（「うー」「んー」）が続き
得るのかといった，答えられない問題がかえって増えてしまうだけで，うまく
いかない.

　(2) さーうーんー　どこにあんにゃろねー　んー

　　　[http://www.speech-data.jp/sadanobu_book/LAC/006.html で音声公

---

[1] ただし「やってみせる」といっても意図的とは限らない.

開中]

　発話「さー」はダメ元での検討を実現させる，つまり「さー」は相手の前で
ダメ元で考えてみせることそれ自体であり，これは情報伝達には還元できない．
自販機のありかを問われて「私は考えても良い結果の出る見込みのない考え事
をダメ元でしています」と言うことは意味不明か愚弄でしかなく，「さー」と
は別物である．

　もちろん，相手の前で何を言い，どのような表情・しぐさをしようとも，そ
れはすべて視聴覚情報として相手の耳や目に向かい，（相手が上の空でないと
いった幸運に恵まれれば）相手に「伝達される」．だがそれはコミュニケーショ
ンの話ではない．それはひとり海辺で波の音を聞き，波の色を見れば，波の音
や色が視聴覚情報として自分の耳や目に向かうのと同じ，コミュニケーション
以前の，環境とのインタラクションの話である．「話し手がコミュニケーショ
ン行動として何をしているのか」を考えると，現代日本語では多くの発話が情
報伝達の枠組みから外れる（定延 2005a, 2016）．

12.1.2　発話の場に事物を現出させる力

　船の命名の例が示すように，「遂行性」とは発話が「現実世界」に事物（船
の名付け）を実現させる力をもつことである．この本来の遂行性とは異なる
が，「発話の場」（より日常的ないい方をすれば「話の場」）に事物を現出させ
る，いわば疑似的な遂行性が，オノマトペや感動詞の発話にみられる．次の（3）
はオノマトペの例，（4）は感動詞の例である．

　（3）a.　　カチカチ．金属の触れ合う音がした．

　　　b. ??カチカチ．金属の触れ合う音がしなかった．

　（4）a.　　キャーッ．彼女は悲鳴を上げた．

　　　b. ??キャーッ．彼女は悲鳴を上げなかった．

これらのオノマトペ「カチカチ」や感動詞「キャーッ」は，この発話の場に
金属音や悲鳴を現出させる力をもっており，後続文でこれを描写することはで
きるが（（3）a（4）aは自然），否定することはできない（（3）b（4）bは不自然）．

　そして，このような疑似遂行性は，オノマトペや感動詞の統語的位置と関わっ
ている．上例（3）（4）のようないわゆる「文外独立用法」の場合と異なり，引

用の形で文中にはめ込まれると，オノマトペと感動詞の疑似遂行性は薄れてしまう．次のように，描写（(5)a (6)a）だけでなく，否定（(5)b (6)b）も，「今度は」「このお化け屋敷では」のような語句を補い語順を調整すれば，不自然ではない．

(5) a.　カチカチと金属の触れ合う音がした．

    b.　カチカチと金属の触れ合う音が今度はしなかった．

(6) a.　キャーッと彼女は悲鳴をあげた．

    b.　このお化け屋敷では，彼女はキャーッと悲鳴をあげなかった．

オノマトペや感動詞の，発話の場における疑似遂行性が統語的位置と関わるとは，このような事情を指している（定延 2015a；2018）．

12.1.3　権　　利

船の命名が特定の人物の特権的行為であるように，発話にもある種の「特権性」がみられることがある．4人で車に乗り込んだはいいが，運転座席に座った者（以下「運転手」と記す）がアクセルを踏んでも，なぜか車は動かない．そこで4人は，「おかしいな」「燃料は入ってるねぇ」などと不思議がり，車内で原因を探すとする．この時，運転手は，自分がアクセルペダルと間違えてブレーキペダルを踏んでいることに気づけば，次の(7)aのような，「た」のない発話ができるだけでなく，(7)bのような「た」のある発話もできる．（この「た」は知識修正の「た」と呼ばれることがある．）

(7) a.　あ，ブレーキ踏んでる．

    b.　あ，ブレーキ踏んでた．

だが，運転手以外の者，たとえば後部座席にすわっている子どもは，運転手の足もとを指さしてaのように言うことはあっても，bのように言うことは（よほど真剣に原因を探していたのでない限り）基本的にない．このように，知識修正の「た」の発話「ブレーキ踏んでた」ができるのは，会話の中でいま焦点になっている問題［なぜ車が動かないのか？］を自分の問題として引き受け，答を作り出そうとする「責任者」（運転席に座った運転手）だけである（定延 2010, 定延編近刊）．

12.1.4　時間経過

　発話とは運動の一種である以上，そこには時間の経過があり，それに伴っ
て話し手の意識はしばしば推移する．その推移を，文法は多かれ少なかれ受
け入れざるを得ない．グッドウィンのあげる実例 "I gave, I gave up smoking
cigarettes ::l-uh one-one week ago t'da：y. acshilly"（Goodwin 1995：211-
212），つまり「実を言いますと今日で禁煙1週間目だったよなあ」のような発
話のねじれは，発話しながら，相手がこちらに注意を向けてくれないので別
の相手を探し求め，その新しい相手に応じて発話を調整する結果生じる．この
例では話し手は1人だが，こうした「共同製作（co-construction）による文」
の中には，客が「カラー版」と水を向けると，店員がそれを引き取り「はー（発
音はワー），いまないんですね」と答える場合のように，各人の発言の趣旨が違っ
ていたり（客の発言趣旨はカラー版を買おうとすることで，店員の発言趣旨は
ないと返答することなど），話し手の交替が統語的・意味的な区切れ（「カラー
版は／いまないんですね」）に忠実でなかったりというタイプもある．

　「これらは文がまとまった一つのメッセージを表すわけではないから文法の
対象ではない」とすることも可能かもしれないが，話し手の意識の推移をそぎ
落とし，文法の射程を極度にせまく限定しようとすれば，我々が考える以上に
多くのものが文法から外れてしまう．次の例をみてみよう．

　(8)　全然大丈夫だ．

　(9)　「へえ，10人も来るんだ」「いやいや，さすがに10人も来ないけどね」

　「私はいま，全然眠くない」とは言っても「私はいま，全然眠い」とは言わ
ないように，現代語の副詞「全然」は否定の語句「ない」と原則的に呼応する．が，
この原則には (8) などの例外がある．これは簡単に言えば「問題ない」を「大
丈夫」と言い換えている現象と考えられるが，この言い換えは，「全然」とい
う語の形式が，発せられたとたんに話し手の意識の中で薄れ始めていればこそ，
つまり話し手の意識が，否定の語句と呼応する「全然」から推移していればこ
そのものだろう．また，否定文「10人も来ない」における度数表現「10人」が，
通常なら（たとえば「20人ぐらい客が来るだろうと思ったら甘かった．なん
と10人も来ない．8人だ」のように）小人数としか解釈されないのに，例 (9)
の後半で大人数と解釈できるのも，直前の相手が発した肯定文「へえ，10人

も来るんだ」に支えられて「10 人も」を大人数解釈で発し，それと切り離して「来ない」と発するという意識の推移があればこそだろう．

　例 (8) (9) のように，一般に（正しいと）認められている文の中にも，「話し手が文頭部を発して文の中間部に進み，さらに文末部へと進むうちにも時間が経過して話し手の意識が変わり，文がそれを反映する．つまり一つの文の中にも談話がある」(discourse within a sentence, Hayashi 2004) といった動的な文の見方をとらなければ説明が困難と思える現象は少なくない（詳細は定延 2016：第 2 章第 2.1 節を参照）．文と同様のことはたとえば総務部の部長を意味する「総務部長」のような，動的な構造をもつ「接ぎ木語」(定延 2001)にもいえるだろう．

12.2　状　　　　　況

　伝統的な文法研究は，語句や文を，それらが発せられる状況から切り離して扱う傾向がある．この欠落を埋めようとする際にも，語用論の観察は参考になる．以下，「直示性・指標性」「文脈」という 2 面から，現代日本語の文法に語用論的な光を当てる．

12.2.1　直示性・指標性

　たとえば「来月」が発話時の翌月を指し，「ここ」が発話の現場を，「私」が話し手を指すというように，発話の状況に依存した内容をもつことばの存在は，「直示性」(deixis, Bühler 1934, 1982) や「指標性」(indexicality, Silverstein 1976) という概念と共に広く知られている．（以下「直示性」で代表させる．）そして，発話は直示的であることを基本とする．

　もちろん，「リンゴ」ということばは，（現代日本語社会内であれば）いつどこで誰がどのように発したとしても，バラ科の落葉高木やその果実を意味する．多くのことばは「リンゴ」のような非直示的なことばであり，直示性をもつことばは少数にとどまる．だからこそ，状況から切り離されていることが言語の特質とされたり，動物のコミュニケーション・システムとは異なる人間の言語の一特徴として「脱場面性」(displacement, Hockett 1960) が認められたりも

する．非直示性は，多くのことばのもつ重要な性質というべきだろう．

　その上での話だが，現代日本語の語彙ではなく，文法に目を向けると，発話の状況に対する敏感さがさまざまな形でみてとれる（定延 2016：第6章，定延 2019a：第2章）．以下この例を四つあげる．

　第1の例は終助詞「よ」「ね」「な」である（以下では「よ」で代表させる）．たとえば酸辣湯というからい料理を知らない者が，その味を訊ねてきたので，昔食べた記憶を思い出して，りきみ声で体験混じりにからさを教える場合，教える対象（酸辣湯のからさ）は発話の状況にない．この場合は終助詞「よ」が必要で，りきんだ「からいよー」は自然だが，りきんだ「からいー」は自然ではない．だが，こうした「よ」の必要性は，教える対象が発話の状況にあれば低い．中華料理店で，頼んでいた酸辣湯が来たところで，この料理を知らない同席者から味を訊ねられ，自分も初めてなものでその場で一口食べて教えるという場合，りきんだ「からいよー」だけでなく，りきんだ「からいー」も自然である．

　第2の例は驚きの感動詞の音調である．いま・ここ・私の驚きではない，その時・その場・その人物の驚きの感動詞は，たとえば「箱を開けてみればあら不思議」の「あら」のように頭高型アクセント（第1モーラ「あ」を高く第2モーラ「ら」を低く言う言い方）で発せられる．これに対して，いま・ここ・私の驚きの感動詞は，「あら？」のように上昇調で発せられる．「あら，田中さんじゃありませんの」と言うような『上品』キャラ（定延2020）は例外になるが，これは『上品』キャラがリアルに驚かず「他人事」のように抑えて驚くと理解できる．

　第3の例は他動性（transitivity）である．たとえば「?? 水が飲む」が不自然で「水を飲む」が自然であるように，動詞「飲む」は他動性が高い．その一方で，「水が飲める」が「水を飲める」と同様自然であることは，「他動性とムード（現実か非現実か）の関わり」（Hopper and Thompson 1980）として理解できる．つまり他動性は，当該のデキゴトが現実のものとして表現される場合と比べて，非現実のもの（可能であるだけのデキゴト）として表現される場合には低い．この他動性とムードの関わりは，発話の直示性を前提にしている．以下，夢の説明を持ち出してこれを説明する．

　「戦車はビルを砲撃したが，ビルは穴一つ開かなかった」という夢に対して「夢とは本来，不条理なものだから」という説明は成り立ちうる．だが「戦車の砲撃は夢であって非現実なので威力がないから」という説明は成り立ちえない．戦車の砲撃が夢というなら，その砲撃を受けるビルもまた夢である．ビルに対する戦車の砲撃の効果は，当該の夢の世界の内部で論じなければならないはずである．「戦車に砲撃されたビルが穴一つ開かなかった」という夢に対して「戦車の砲撃は夢で非現実なので威力がないから」という説明が成り立たない一方で，他動性についてはまさにこの説明（水の摂取は可能であるだけで現実に行われるわけではないから，水に対する行為者の働きかけは大したものではない）が成り立つということは，そもそも言語表現の中で可能とされる世界が，現実世界から独立した世界ではなく，現実世界を基に構築される世界だということ，それらの世界での他動性は，それらの世界のものとしてではなく，あくまで現実世界を基に高低が計られるということである（定延 2006a）．

　4つ目の例はアニマシー（animacy）である．ここでいうアニマシーとは，「生きている」というイメージの程度を表す．そして，他動性と同様のことがアニマシーにもいえる．モノのアニマシーは，そのモノが現実のモノとして言及されている場合と比べて，非現実のモノとして言及されている場合の方が低い．たとえば「いまここに希望者が」に続けるなら，「います」は自然な一方で「あります」は不自然だが，「もし希望者が」に続けるなら，「いれば」だけでなく「あれば」も自然さが高くなる．つまり言及対象が発話の状況に現実にあるかないかがアニマシーの高低に影響する．

　アニマシーの高低が，当該のモノの純粋な「生き物らしさ」だけによるのではなく，人称や代名詞などで「現実のモノとして表現される程度」によっても影響されるということは，以前から知られていることである（Croft 1990，定延 2019c）．たとえば同じ人物が，話の中に登場する人物（いまこの場にいるとは限らず，架空の人物かもしれない）として三人称で表現されるよりも，いまここで話を現にしている人物として一人称で表現されたり，いまここで話を現に聞いているに違いない人物として二人称で表現される方がアニマシーが高いとされるのは，アニマシーの高低判断が現実からの距離に影響されるということである．また，同じ人物が，実在如何を問わないモノとして「男性」のよ

うな普通名詞として表現されるよりも,「彼」のような代名詞で, つまり（少なくとも日本語の典型では）既知の対面済みの人物として表現される方がアニマシーが高いとされるのも, やはりアニマシーの高低判断が現実からの距離に影響されるということである. これらのことからすれば, 現実か仮定かという違いでアニマシーの高低が違うということも, 不思議なものではない.

　以上, ここでは現代日本語の文法が様々な形で直示性に敏感であることを示した. しかしながら最後に付言すると, 現代日本語は「いま・ここ・私・本当の世界」の立場からなされるという原則には, 先述「リンゴ」などとはまた別の例外がある. それは 12.1.2 項でみた文外独立用法のオノマトペの一種で, 筆者はこれを「ショーアップ語」と呼んでいる（定延 2005b）. たとえばボタンを押しながら「プチッ」とつぶやく, ショックを受けて「ガクッ」「ドキッ」と言う, 皆が静まりかえって無反応な場合にふざけて「シーン」と言うなど, マンガにおいてオノマトペがさまざまな動作や情景と共に描き込まれているのを真似て, その動作や情景と共にオノマトペを発するものであり, 話し手である「私」の立場を敢えて放棄し「客観的な物音・状景の描写」という顔をしているところに特徴がある.

12.2.2 文　　　脈

　発話がなされる文脈に注目し, これに単純な分類を施すことによって, これまで語句の多義性・多用法性と思われていたものを文脈の多様性として捉え直すことが可能になる. まず, 文脈の分類を紹介しておこう.

　発話がなされる文脈は,「発話の現況」と「過去の経緯（いきさつ）」に二分でき,「過去の経緯」はさらに, 仮称「スコアボード」と「閻魔帳」に二分できる. スコアボードとはたとえばある日のある試合のような,「個々のセッションの文脈」であり, 当該のセッションが終わればリセットされる. 閻魔帳とは「生前の一切の行状が記録された閻魔帳をもとに閻魔大王が死者を裁く」という仏教の言い伝えにちなんで命名された「世界の文脈」で, リセットされることがなく, この世の一切が記録されている. このような文脈の分類を認めれば,「ている」や回数表現の多義性あるいは多用法性は解消する.

　たとえば, ある男性が走り終えた瞬間に「彼は走っていない」と言えるのは,

当該の男性の走りというデキゴト情報が発話の現況にないからである．この「ている」は「観察すれば発話の現況にデキゴト情報［彼の走り］が得られる」ということを意味する．しばしば「継続」と呼ばれる「ている」がこれに当たるが，継続は常に成立するわけではない．たとえば，夜空に雷が走った瞬間の写真を何気なく見て「お，光って（い）る！」などと言えるのは，［雷の光り］というデキゴト情報が発話の現況に観察されるからだが，そこに「継続」はない（定延 2006b）．

　また，当該の男性が走り終えていても「彼は走っている」と言えるのは，当該の男性の走りというデキゴト情報がスコアボードや閻魔帳にあるからである．そして，「彼はもう3回走っている」と言った後に「彼は1回だけ走っている」などと言えるのは，たとえばある日の陸上クラブの練習というセッションが終わるなどで，スコアボードがリセットされた後，翌日の練習など，また別のセッションが始まりスコアボードが立ち上がって，そこに新たにデキゴト情報が貯め込まれるからである．さらに，そのセッションで1回しか走っていなくても「彼は1万回以上走っている」と言えるのは，閻魔帳に当該の男性の誕生以来の走りというデキゴト情報が1万個以上あるからである．

　もちろん，文脈の分類はまだ他にもありうる．たとえばある男性の酒豪ぶりを話題にする際，「しかし彼も酒を飲むよねぇ」は自然だが，「しかし彼は酒も飲むよねぇ」は不自然である．これは，この「も」が，当該の男性の酒豪ぶりが，［世の中，酒豪は多い］という「通念」（先行文脈のパターン）の一例であることを示しているからである．そもそも通念とは，世の中の様々なモノ（いまの例なら，世の中の様々な人物）に共通して観察されるもの（酒豪であること）であって（したがって「も」は主部位置に現れる），一つのモノ（当該の男性）の様々な動作状態に共通して観察されるもの（その場合は「も」が述部位置に現れる）ではない（定延 1995）．

　またたとえば，ことばの意味を訊ねる際には「は」は不自然で（例：「?? 用度掛は何ですか」），「というのは」のようなメタ形式が自然だが（「用度掛というのは何ですか」）（田窪・金水 1996），2問目の質問からは「は」でもよい（「じゃあ，出納掛は何ですか」）（井上・黄 1998）．この「は」を支える文脈は，「1問目の質問発話が会話当事者たちの記憶に新しいうち」というもので，たとえば

「事故が起きた．警察は……」のように初出の「警察」に付く「は」を支える，「事故の発話が記憶に新しいうち」という文脈と通じている．

12.3　知　　　　　識

　言語は，それを発する人間の知識と深い関係にある．さらに，言語を聞く人間の知識との関係が問題にされることもある．以下，「話し手の世界知識」「当事者間の了解」の2面から，現代日本語の文法に語用論的な光を当ててみたい．

12.3.1　話し手の世界知識

　次の（10）は女性週刊誌の表紙の見出しで，宮沢りえという女優の艶聞を記したものである．

（10）りえ　目と目10センチの"新恋人"

　　　　　［『週刊女性』第52巻第15号，2008年4月15日発行，主婦と生活社］

　この記事で「宮沢りえの新しい恋人か？」と取り沙汰されているのは，両目が10センチも離れている男性ではなく，宮沢りえとわずか10センチの距離で見つめ合った男性である．だが，「目と目10センチの"新恋人"」それ自体はいずれの解釈をも許容する．このように，語句や文は本来的に様々な意味を許容する曖昧なものであり，そこから意味が絞り込まれるのは世界知識（常識）によるところが大きい．

　さらにいえば，語句や文の本来的な意味の範囲を世界知識が覆すことさえ実はある．

（11）あのバンドは大晦日に東京ドームでコンサートを計画している．

　多くの話者の直観では，例（11）は「大晦日に東京ドームでバンドのコンサートがある」という解釈しかない．「大晦日に」「東京ドームで」は連体修飾語句ではなく連用修飾語句である以上，修飾の対象は名詞「コンサート」ではなく述語句「（コンサートを）計画している」であるはずだが，その解釈つまり「バンドのメンバーが大晦日に東京ドームに集まり手帳などを開いて「来年は我々のコンサートはこの日程でどう？」「そうするか」などとボソボソ計画している」という解釈は意識にのぼりさえしない．文法と世界知識の関係は，「可能な解

釈群をまず文法が提供し，次にその解釈群から世界知識が適当な解釈を絞り込む」といった直列的なものでは必ずしもなく，並列的で，しばしばもっと複雑である（定延 2012, 2015b）．

12.3.2　当事者間の了解

たとえば次の例（12）をみられたい．

(12) a.　一郎が二郎にやさしいことばをかけた．

　　　b.　一郎が二郎をなぐさめた．

　一郎が二郎に対していくらやさしいことばをかけたとしても，二郎が「詐欺師が自分をだまそうとしている」と警戒心を解かなかったなら，これを文 a で描くことはできるが，文 b で描くことはできない．「一郎が二郎をなぐさめた」と言うには原則として，2 人の間に ［これは「なぐさめ」である］ という了解が成立していた，と話し手が確信している必要がある．

　いま示したように，当事者間の了解は言語研究にとって重要な概念であり，「相互知識」「相互信念」などと呼ばれることもある（例：Back and Harnish 1979, Clark and Marshall 1981）．さらに，「当事者間」という概念を，話題になっている人物どうしの間（一郎と二郎の間）だけでなく，発話に関わる人物どうしの間（話し手と聞き手の間）にも広げて考えれば，当事者間の了解は独り言を除くすべてのことばに関わる．たとえば，二郎に対してやさしいことばをかけるという，一郎の行動の表現として，次の（13）をみてみよう．

(13) a.　二郎にやさしいことばをかけたのは一郎だ．

　　　b.　二郎にやさしいことばをかけたのは一郎という人だ．

　　　c.　一郎が二郎にやさしいことばをかけた．　＝（12a）

　　　d.　一郎という人が二郎にやさしいことばをかけた．

　このうち a と b は「二郎にやさしいことばをかけたのは〜だ」といういわゆる分裂文の型をもっており，誰かが二郎にやさしいことばをかけたことを何らかの意味で「旧情報」「既知」「前提」として，そこに一郎という人物を何らかの意味で「新情報」「未知」「焦点」に当たるものとして導入する点で共通している．これに対して c, d はそのような分裂文の型をもたず，そうした「旧情報」「既知」「前提」–「新情報」「未知」「焦点」の情報構造をもっていない．また，b, d は名詞「一郎」には「という人」という表現が続いており，一郎を何らかの意味で「新情報」「未知」の人物として表しているが，a, c は「という人」がなく，一郎を何らかの意味で「旧情報」「既知」の人物として表している．先ほどの，「なぐさめる」の文（(12)b）との対比では無色透明にも思えた「やさしいことばをかけた」の文（(12)a）も，これらの形式の一つである以上は（(13)c），そうした意味での「旧情報」「既知」「前提」-「新情報」「未知」「焦点」をめぐる当事者間の了解とやはり無縁ではない．このように，当時者間の了解に関する問題は，コミュニケーション研究や言語研究の随所に関わり，避けて通れない（定延・熊谷・苅田 1999）.

　このような重要さにもかかわらず，当事者間の了解は，厳密には確かめられない（聞き手の知識は確かめきれない）とされる（Clark and Marshall 1981）. では，ことばの意味に「聞き手の知識」を含めるべきだろうか？　次の例（14）を見られたい.

　(14)　a.　昨夜の宴会，それからどうなった？

　　　　b.　昨夜の宴会，あれからどうなった？

　このうち a にはソ系指示詞「それ」が現れているが，b にはア系指示詞「あれ」が現れている．そして a と違って b の発話は，話し手が宴会の途中（簡単のため一次会とする）までは出ていた場合にかぎり発せられる．この「あれ」のようなア系指示詞の意味（いまの例なら宴会の一次会）を「話し手と聞き手の間で了解されている事物」と認め，つまり聞き手が知っていることを意味に含めるのか（例：東郷 2000, 前田 2005）？　それとも，ア系指示詞の意味（一次会）については「聞き手の知識」を含めず，たとえば「話し手が直接経験した事物」と認めるのか（例：田窪・金水 1996, 堤 2012）？　そもそもクラークとマーシャルの論証は正しいのだろうか？　さまざまな説が出ているのが現状だが（筆者の説については定延 2016：第 5 章，定延 2019b を参照されたい），いずれにせよ，文法研究がこのような語用論的考察の上に成り立っているものだということは覚えておくべきだろう.

12.4　お　わ　り　に

　本章では現代日本語の文法研究に必要と思える「語用論的思考」の一部を,
仮に発話 (12.1 節)・状況 (12.2 節)・知識 (12.3 節) の 3 部に分けて簡単に
紹介した. 語用論それ自体に興味を持たれた読者は, より専門的な書籍 (たと
えば加藤・滝浦編 2016, 高梨 2016, 清水 2009) にあたって知識を補充された
い.
　　　　　　　　　　　　　　　　　　　　　　　　　　　　　　［定延利之］

【参考文献】

井上　優・黄　麗華 (1998)「日本語と中国語の省略疑問文「α ハ?」「α 呢?」」『国
　　語学』192, pp. 25-38

加藤重広・滝浦真人編 (2016)『語用論研究法ガイドブック』ひつじ書房

定延利之 (1995)「心的プロセスからみた取り立て詞モ・デモ」益岡隆志・沼田善子・
　　野田尚史 (編)『日本語の主題と取り立て』pp. 227-260, くろしお出版

定延利之 (2001)「出来事としての語―接ぎ木語の動的構造をめぐって」音声文法研
　　究会編『文法と音声Ⅲ』, pp. 83-105, くろしお出版

定延利之 (2005a)『ささやく恋人, りきむレポーター―口の中の文化』岩波書店

定延利之 (2005b)「「表す」感動詞から「する」感動詞へ」『言語』34, 11, pp. 33-
　　39, 大修館書店

定延利之 (2006a)「コメント「資源としての現実世界」」益岡隆志編『条件表現の対照』
　　pp. 197-215, くろしお出版

定延利之 (2006b)「心内情報の帰属と管理―現代日本語共通語の「ている」のエビ
　　デンシャルな性質について」中川正之・定延利之 (編)『言語に現れる「世間」と「世
　　界」』pp. 167-192, くろしお出版

定延利之 (2010)「「た」発話をおこなう権利」日本語／日本語教育研究会編『日本
　　語／日本語教育研究』1, pp. 5-30

定延利之 (2012)「述語の格体制からみた構造と意味の対応とズレ」シンポジウム
　　「文構造はどこまで意味を表しているのか」『日本言語学会第 145 回大会予稿集』
　　pp. 16-21

定延利之 (2015a)「オノマトペの遂行的利活用」『人工知能学会論文誌』30, 1,

pp. 353-363（https://www.jstage.jst.go.jp/article/tjsai/30/1/30_30_353/_pdf）

定延利之（2015b）「オーバーキルと世界知識」定延利之編『私たちの日本語研究―問題のありかと研究のあり方』pp. 8-10，朝倉書店

定延利之（2016）『コミュニケーションへの言語的接近』ひつじ書房

定延利之（2018）「オノマトペと感動詞に見られる「馴化」」小林　隆編『感性の方言学』pp. 45-64，ひつじ書房

定延利之（2019a）『文節の文法』大修館書店

定延利之（2019b）「マスモードの思考―「びんの小鬼」をめぐる覚え書き」田中廣明・秦かおり・吉田悦子・山口征孝編『動的語用論の構築へ向けて』第1巻，pp. 212-228，開拓社

定延利之（2019c）「複数性とリアリティ」『日本人文社会研究』2，pp. 1-13

定延利之（2020）『コミュニケーションと言語におけるキャラ』三省堂

定延利之編（近刊）『発話の権利』ひつじ書房

定延利之・熊谷良治・苅田修司（1999）「旧情報と新情報」音声文法研究会編『文法と音声Ⅱ』pp. 127-148，くろしお出版

清水崇文（2009）『中間言語語用論概論―第二言語学習者の語用論的能力の使用・習得・教育』スリーエーネットワーク

高梨克也（2016）『基礎から分かる会話コミュニケーションの分析法』ナカニシヤ出版

田窪行則・金水　敏（1996）「複数の心的領域による談話管理」『認知科学』3，3，pp. 59-74（https://www.jstage.jst.go.jp/article/jcss/3/3/3_3_3_59/_pdf）

堤　良一（2012）『現代日本語指示詞の総合的研究』ココ出版

東郷雄二（2000）「談話モデルと日本語の指示詞コ・ソ・ア」『京都大学総合人間学部紀要』7，pp. 27-46

前田昭彦（2005）「ア系指示詞と聞き手の知識」『長崎大学留学生センター紀要』13，pp. 49-73（http://naosite.lb.nagasaki-u.ac.jp/dspace/bitstream/10069/5612/1/KJ00004164915.pdf）

Austin, John L. (1962) *How to Do Things with Words*. Oxford：Clarendon Press（ジョン・L・オースティン著，坂本百大訳（1978）『言語と行為』大修館書店）

Back, Kent and Robert M. Harnish (1979) *Linguistic Communication and Speech Acts*. MIT Press

Bühler, Karl (1934/1982) "The deictic field of language and deictic words." In

Robert J. Jarvella and Wolfgang Klein (eds.), *Speech, Place, and Action : Studies in Deixis and Related Topics*, pp. 9–30, Wiley

Clark, Herbert H. and Catherine R. Marshall (1981) "Definite reference and mutual knowledge." In Aravind K. Joshi, Bonnie Lynn Webber and Ivan A. Sag (eds.), *Elements of Discourse Understanding*, pp. 10–63, Cambridge University Press

Croft, William (1990) *Typology and Universals*. Cambridge University Press

Goodwin, Charles (1995) "Sentence construction within interaction." In Uta M. Quasthoff (ed.), *Aspects of Oral Communication*, pp. 198–219, Walter deGruyter

Hayashi, Makoto (2004) "Discourse within a sentence : An exploration of postpositions in Japanese as an interactional resource." *Language in Society*, 33, 3, pp. 343–376

Hockett, Charles F. (1960) "The origin of speech." *Scientific American*, 203, pp. 89–97

Hopper, Paul J. and Sandra A. Thompson (1980) "Transitivity in grammar and discourse." *Language*, 56, 2, pp. 251–299

Silverstein, Michael (1976) "Shifters, linguistic categories, and cultural description." In Keith H. Basso and Henry A. Selby (eds.), *Meaning in Anthropology*, pp. 11–55, University of New Mexico Press

13 パソコン言語学（コーパス言語学）

　近年，日本語において様々な性質・情報を備えたコーパスが公開され，研究の場でも広く活用されている．本章では，国立国語研究所『現代日本語書き言葉均衡コーパス』（Balanced Corpus of Contemporary Written Japanese, BCCWJ）をとりあげ，それを使う際に知っておきたいこと，研究に利用する際に注意したいこと，そして実際の利用例を順に述べる．

　BCCWJ は日本語書き言葉の実態の縮図となるべく設計され，書籍，雑誌，新聞，白書，ブログ，ネット掲示板，法律などの様々なレジスターによる1億語のデータを格納したものである．「少納言」や「中納言」という Web アプリケーションによって検索を行える．前者は登録の必要がないが，① 文字列検索にしか対応していない，② 検索結果が 500 件に限られる，③ 検索結果をダウンロードすることができないといった利用上の制限がある．後者はユーザ登録が必要（無償）だが，見出し（語彙素）・品詞・活用型・活用形・語種等といった形態論情報を利用して検索ができ，書誌情報も参照できる．検索結果は 10 万件までダウンロード可能である．

　BCCWJ では，テキストを「単語」に分割し，それぞれの「単語」に対して，検索のための形態論情報を付与している．日本語には原則として分かち書きがないため，「単語」の切れ目が明確でなく，研究者によっても「単語」の定義は様々である．このため，国語研究所では「単語」に相当する，「短単位」と「長単位」という二つの異なる長さの言語単位を定義し，それぞれの言語単位によってテキストを区切ったコーパスデータを用意している．BCCWJ をはじめとする国立国語研究所のコーパスを利用するにあたって，これらの言語単位およびそれに付された形態論情報を知ることは大変重要である．13.1 節と 13.2 節ではこれらについて説明する．

13.1 言　語　単　位

13.1.1 短　単　位

たとえば，中納言で次の語を検索することを考えよう．

①「赤色」（あかいろ）　②「朱色」（しゅいろ）　③「赤紫色」（あかむらさきいろ）　④「群青色」（ぐんじょういろ）　⑤「オレンジ色」

今，<u>短単位検索</u>を使うとして，「　」の中の語を「語彙素」（見出しに相当）に入力して，検索ボタンを押す．すると，①②の場合は検索結果が表示されるが，それ以外は検索にヒットしない．文字列検索を使うと①〜⑤のすべてがヒットする．これは，①②はそれぞれ一つの短単位であるのに対し，③〜⑤の場合は二つの短単位にまたがり，2語相当となってしまうからである．形態論情報を使った検索を行うときには，単位の切れ目に常に注意する必要があるわけである．

短単位は，意味をもつ最小の単位（<u>最小単位</u>と呼ばれる．言語学でいう形態素に相当）を結合することによって規定する．最小単位は表 13.1 のように分類され，おのおのの分類ごとに結合方法が決まっている．漢語は原則として<u>漢</u>

表 13.1 最小単位の分類（小椋ほか 2011b，p.27 に手を加えた）

分類	例	結合方法
一般	和語：山　雨（あめ・あま）　箱（はこ・ばこ）　白い　話す…	二つまで結合可
	漢語：用　会　研…	二つまで結合可
	外来語：オレンジ　ボックス…	結合不可
数	一　二　十　百　千…	「数」同士で結合可
付属要素	接頭的要素：相　御　各…	結合不可
	接尾的要素：致す　っぽい　的…	結合不可
助詞・助動詞	た　です　ます　か…	結合不可
人名・地名	星野　仙一　大阪　六甲…	結合不可
記号	Ａ　Ｂ　ω　イ　ロ…	結合不可

字1字が1最小単位と定められており，たとえば「研究所」は3最小単位からなる．また，外来語は原語1語が1最小単位となっている．

「一般」に分類される最小単位と短単位の関係について，先の「〜色」の例をもとに説明しよう．①は「赤｜色」と，二つの和語の最小単位からなる．「一般の和語」は二つまで結合可能なので，「赤色」という一つの短単位にくっつけることができる．④は「群（漢語）｜青（漢語）｜色（和語）」という三つの最小単位からなる（漢語は1字が1最小単位であることに注意）．最小単位の結合は最大二つであるので，これら三つの最小単位を短単位にまとめることは許されない．よって，「群青色」は1短単位とはならず，「群青」と「色」とに分割された2短単位となる．短単位検索では，「群青色」ではなく「群青」で検索しないとヒットしない．⑤の「オレンジ」は外来語であり，他の最小単位と結合することが許されない．よって「オレンジ色」は2短単位である．最小単位がどのように結合して短単位を構成するか，まとめたものが表13.2である．

このように「一般」の短単位認定の方法は，

・和語・漢語…最小単位を二つまで結合（結合させなくてもいい）

・外来語…1最小単位＝1短単位

が原則であり，語種が関係することを理解してしまえば難しいものではない．

「一般」以外のものの中で，「付属要素」については誤解しやすいので以下，やや詳しく述べる．付属要素とされるものは小椋ほか（2011b）「資料　要注意語」のp. 37以降に載っているもので網羅されている（ここに載っていないものは付属要素ではない）．たとえば「致す」（お預けいたします，等）は上記の要注意語のリストに載っているので，接尾的要素である．表13.1の結合方法に

表13.2 最小単位と短単位の関係

最小単位	短単位
赤（和語）｜色（和語）：2最小単位	赤色（和語）：1短単位
朱（漢語）｜色：2最小単位	朱色（混種語）：1短単位
赤（和語）｜紫（和語）｜色：3最小単位	赤紫（和語）｜色：2短単位
群（漢語）｜青（漢語）｜色：3最小単位	群青（漢語）｜色：2短単位
オレンジ（外来語）｜色：2最小単位	オレンジ（外来語）｜色：2短単位

あるとおり，接尾的要素は他の最小単位と結合しない．「資料　要注意語」に
よると，「致す」の品詞は「接尾辞」ではなく「動詞‒非自立可能」となっている．
別の例をあげると，「小（しょう）」は，要注意語のリストに載っていないので，
最小単位の分類は「一般」である．「一般」の漢語は二つまで結合可能なので，
「小額」は二つの短単位にまとまる．「小学校」は 3 最小単位であるので，短単
位では「小｜学校」と二つに分割される．下線部の「小」には「接頭辞」とい
う品詞が付されているが，最小単位の分類としてはあくまで「一般」であり
「付属要素」ではない．このように，付属要素であるかどうかは品詞から直接
決まるわけではない．それを知るには要注意語のリストを参照しなくてはなら
ないのである．

13.1.2　長　単　位

　次に，長単位の認定について説明する．長単位はテキストをまず文節に区切
り，さらに，その文節内を自立語部分と付属語部分に分割することによって認
定する．一つの付属語は 1 長単位となる．

　(1) <u>漱石文学の理解者たるべき弟子</u>までが藤尾のファンになってしまい
　　　　（LBl9_00113, 15130　以下，例文にサンプル ID と開始位置の情報を付す）

　この下線部は，短単位では「漱石｜文学｜の｜理解｜者｜たる｜べき｜弟子」，
長単位では「漱石文学｜の｜理解者｜たる｜べき｜弟子」となる．一つの文節内
に収まっている自立語部分が 1 長単位としてくっつくと考えればよい．自立語
が複合した語は 1 長単位となるので，表 13.2 の「〜色」はすべて 1 長単位とな
る．「国立国会図書館蔵」のような長い漢語の複合語では，短単位と長単位の
差が顕著になる．短単位では「国立｜国会｜図書｜館｜蔵」と最大 2 字ずつで分
割されるが，長単位では一つにまとまるのである．

　長単位の原則は以上であるが，「において」「てくれる」などの複合辞，「必
ずしも」などの連語がリスト化して定められており（小椋ほか 2011a「資料
複合辞・連語」），これらは 1 長単位とされる．

　なお，もしも単位の切れ目がわからない場合は，「文字列検索」で確認する
とよい．「結果表示単位」で「短単位」もしくは「長単位」を選択すると，い
ずれかの単位で分割した結果が，区切り記号（デフォルトは｜）で表示される．

13.2　形態論情報

　「小さい（チイサイ）」という語の用例を集めることを考えてみよう．文字列検索によって（すなわち単にテキストの文字面で）調べようとすると，以下のような表記の揺れ・活用形の揺れを考慮する必要がある．

　①　表記の揺れ：小さい／ちいさい

　②　活用形の揺れ：小さい／<u>小さかっ</u>た／<u>小さく</u>て

さらに，

　③　語形の揺れ：チイサイ／チイチャイ／チッチャイ

によらず，これらを一括して検索したい場合もあるだろう．

　BCCWJ では，検索の利便性のため，上記の揺れがあっても同じ語と見なし，「語彙素」という辞書見出しの情報を付与している．語形の差は，語彙素の下位レベルの「語形」によって，表記の差はその下の「書字形」によって区別している（図 13.1）．テキストに実際に現れる，書字形が活用した後の形は「書字形出現形」と呼ばれる．語の見出しに関する形態論情報は，「語彙素ー語形ー書字形ー書字形出現形」という階層構造をなすのである．

　(2)　お母さんは、ふふっと<u>小さく</u>笑いました。(LBon_00007, 13650)

　(3)　<u>ちっちゃい</u>ころから親は一生懸命育ててくれた。(LBq3_00179, 47970)

　上の例の下線部にどのような形態論情報が付されているか，また，中納言で検索条件に指定するときどのように入力したらよいかを表 13.3 にあげる．

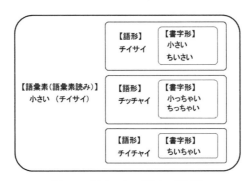

図 13.1　「小さい」の見出しの階層性

表 13.3　形態論情報の詳細と入力方法

	入力方法	(2)	(3)
語彙素	個々の語に定められた表記で入力（固有名詞は全角カタカナ）	小さい	小さい
語彙素読み	全角カタカナ（和語・漢語では長音符号を用いない）	チイサイ	チイサイ
語形	全角カタカナ	チイサイ	チッチャイ
品詞	プルダウンから選択	形容詞--一般	形容詞--一般
活用型	プルダウンから選択	形容詞	形容詞
活用形	プルダウンから選択	連用形--一般	連体形--一般
書字形出現形	調べたい表記で入力	小さく	ちっちゃい
書字形	調べたい表記で入力	小さい	ちっちゃい
発音形出現形	全角カタカナ（長音は棒引きで表す）	チーサク	チッチャイ
語種	プルダウンから選択	和	和

　たとえば「『語彙素読み』が『チイサイ』」と指定すれば，(2) も (3) も検索にヒットする．「『語形』が『チイサイ』」と指定すると (2) はヒットするが (3) はヒットしない．「短単位（もしくは長単位）の条件の追加」ボタンを押すことで，「『語彙素読み』が『チイサイ』　AND　『活用形』が『連用形』」のように複数の形態論情報を組み合わせることができる．

　ところで，形態論情報の語彙素の情報だけでは異義語が区別できないことがある．たとえば「『語彙素』が『居る』」と入力すると，別語であるオルとイルが一緒に検索されてしまう．この場合，語彙素読みを合わせて指定する必要がある．異義語同士を完全に区別するには，「語彙素，語彙素読み，品詞（小分類），語彙素細分類」の四つの情報があれば十分である（もちろん，このうちの一～二つでよいこともある）．語彙素細分類は検索結果で参照でき，year と ear（両方とも語彙素・語彙素読みは「イヤー」，品詞は「名詞-普通名詞-一般」）の区別などに用いられる．

13.3　BCCWJ を使う際の注意点

　コーパスで適切な検索結果が得られたとしても，その結果をどう受け取るか，コーパスに付与された情報をどう解釈して研究するかはまた別の問題である．以下では，BCCWJ を使う際のいくつかの注意点を，具体例とともに述べることにする．なお，ここであげる例はすべて筆者が創作した，架空のものである．現存する研究への批判を意図したものではない．田野村（2014）も合わせて参照されたい．

13.3.1　コアデータのサイズ

　BCCWJ は全体としては 1 億語（短単位換算）を収めるが，その中で「書籍，雑誌，新聞，白書，Yahoo! 知恵袋，Yahoo! ブログ」の 6 レジスタからなる 100 万語が「コアデータ」と呼ばれ，これのみを検索対象とすることもできる．コアデータの形態論情報は人手によってチェックされており，信頼性が非常に高い．それに対し，非コアデータは機械による自動解析の誤りも含む．ただし，コア部分のサイズは，特に語彙の研究にとってはそれほど大きいものではない．コアデータで頻度の低いいくつかの動植物名について，例数を〈コアのみ/全て（コア＋非コア）〉の形であげる（短単位検索による）．

　　コアラ〈1/104〉，シマウマ〈0/44〉，ナノハナ〈2/355〉，イチョウ〈1/246〉，ヘチマ〈0/123〉

　これらは子供向けの図鑑に載っているような語であり，日常の，非専門的な場面においても使われる．BCCWJ に限らず，ある単語がコーパス中に出現しない場合，「母集団の規模の小ささによって偶然出現していないだけである」という可能性を考慮に入れる必要がある．「○○という語が，ある現代語のコーパスに 1 例も現れない」ということのみから，「○○は現代において廃語である」という結論を導くのは危険である．

13.3.2　出版年の情報

　書誌情報には「出版年」の情報が含まれる．書籍の出版年は，コーパスを作

るにあたって採用した書籍が出版された年ということであり，初版年・初出年
ではない．

(4) もとより国の政をなす者は政府にて、その支配を受くる者は人民
なれども、こはただ便利のために双方の持ち場を分かちたるのみ。
(LBq3_00174, 21520)

　上の文は福澤諭吉『学問のすすめ』の一部である．コーパスの書誌情報で出
版年は2002年となっているが，これは，明治期に執筆されたものが2002年に
も版を改めて社会に流通しているということである．ここからわかるように，
ある言葉が書き手によって使われた年代を知るために，出版年の情報を参照
するのは適切ではない．代わりに，① BCCWJ-DVD版で提供される書誌情報
データベースで，記事情報データ「初出情報・初刊情報」を参照する（当該例
は1872年初刊），②「生年代」の情報を利用する（当該例は1830年），といっ
たことが考えられる．なお，再版された書籍は，現代の読者が読みやすいよう
に仮名遣いなどの表記が改められることがあるので，その点にも注意が必要で
ある．

13.3.3　ブログ記事の誤記

　BCCWJはインターネット上で公開されたブログ記事を含むが，これは校正
などのチェックを通していないことが多く，出版物よりも多く誤記が含まれる．

(5) ロバート清崎は<u>以外</u>と若いと思った…（OY14_02912, 460　Yahoo! ブロ
グ）

(6) その代わり好条件だし、応募が多そうな気がするので採用される<u>確立</u>は
低いかも…（OY14_44648, 2500　Yahoo! ブログ）

　下線部は漢字の変換ミスの類であり，正しくは，それぞれ「意外」「確率」
である．この類の誤記，また，非コアデータの解析誤り（形態論情報の誤り）
について，必ずしもすべて確認する必要はないが，研究の論旨に関わる範囲で
留意しておいたほうがよい．なお，表記の誤りが含まれる例を論文に載せる場
合は，「原文ママ」の注を付けると読み手に誤解が生じない．

13.3.4 翻訳書の扱い

外国語で書かれた文章の邦訳も日本語書き言葉の一部であり，BCCWJ には翻訳書からのデータが相当数収められている．研究の目的によっては翻訳書の扱いに留意する必要がある．たとえば「日本語の直喩の発想」というテーマで研究するために，「まるで＋名詞＋の＋よう」という表現を BCCWJ で収集したとする．翻訳書を出典とする例の一部を次にあげる．

(7) 川は目の届くかぎり何マイルも，まるでミルクのようにまっ白に泡だっていた。（LBi9_00219, 76820　マーク・トウェイン（著）/吉田映子（訳）『マーク・トウェインコレクション』）

(8) 月が出ていたが、あたりの樹木はまるで海綿のように貪欲にその光を吸いこんでいた。（LBm9_00006, 40880　カロリーヌ・リンク（著）/平野卿子（訳）『ビヨンド・サイレンス』）

これらは原語の逐語訳である蓋然性が非常に高く，そうだとすると「日本語の直喩の発想」に基づいているとはいえない．考察から除外するか，別扱いにして考えるべきである．翻訳書を出典とするものを検索結果から除外するには，Excel のフィルター機能を使い，「執筆者」に「(*訳)」を含まず，かつ，「編著者等」に「|*訳」を含まないものを抽出するとよい．なお，ワイルドカード文字の * を付けるのは，「編訳」のようなものも除外するためである．

13.3.5 レジスター間での偏り

「わけであります。」と「わけである。」とを文字列検索で調べてみる．BCCWJ 全体で，前者は 2131 件，後者は 1654 件見つかる．ここから「現代の書き言葉で『わけであります。』は『わけである。』と同等以上の頻度で使用される」と言えるだろうか．

「わけであります。」が各レジスターにどのように現れるか，その分布を調べてみると，国会会議録に出現する例が 2040 件（2131 件中，95.7%）となっている．BCCWJ での国会会議録の収録語数は 510 万語であり，BCCWJ 全体（約 1 億語）に占める割合は 4.9% とごく小さい．当該表現は，国会会議録という談話的性質をもった資料に，甚だしく偏って現れるのである．BCCWJ は均質な資料の集積ではなく多様なレジスターを含むので，BCCWJ 全体で単純に頻

度を比べるのは不適切な場合がある.

13.4　BCCWJ の文法研究への利用例

　現代語の格助詞には，連体格として働く「ノ」，連用格として働く「ガ・ヲ・ニ・ヘ・ト」などが存在する．連用格助詞の中には「彼との結婚」のように「ノ」を伴って連体修飾をするものがある．連用格助詞と「ノ」との承接については先行研究で記述・説明されている（渡辺 1971：第 4・5 節，寺村 1991：第 8 章，山田 2002 など）が，コーパスから得られるデータとともにこの問題について考えてみたい.

　表 13.4 は，BCCWJ コアデータを対象とし，中納言の長単位検索によって，連用格助詞の頻度，および，それぞれの格助詞に「ノ」が付いた場合の頻度と割合を調べた結果である．頻度が 500 以上のものをあげた．なお，※は，複数の短単位からなる複合辞である.

　表 13.4 をみると「ヲ・ニ・ガ」には「ノ」が後接せず，これらの助詞を一つのグループとしてくくることができるが，このことは我々の内省からも明らかである．「彼が発表する」を名詞化すると「彼の発表」となり，「＊彼がの発表」とはいえないということである．また，この表で「『A＋ノ』の割合」を

表 13.4　連用格助詞と，ノの後接例の頻度

連用格助詞（＝A）	A の頻度	「A＋ノ」の頻度	「A＋ノ」の割合
ヲ	32999	0	0%
ニ	29178	0	0%
ガ	24968	0	0%
ト	17586	890	5.06%
デ	14016	424	3.03%
カラ	4465	312	6.99%
ヘ	1543	817	52.95%
トシテ※	1508	167	11.07%
ニツイテ※	1224	86	7.03%
ヨリ	685	2	0.29%
ニオイテ※	637	1	0.16%

表 13.5 「ヘノ」に後接する名詞（上位 10 語）

名詞	頻度
対応	1007
道（みち）	861
影響	829
参加	562
関心	514
移行	466
取り組み	421
転換	397
手紙	370
配慮	340

表 13.6 「漢語名詞＋スル」のとる格

	ニ	ヘ
対応する	4254	13
影響する	506	4
参加する	3994	47
移行する	743	200
転換する	335	55
配慮する	865	9

みていくと，①「ヨリ」と「ニオイテ」は「ノ」を伴って使われることが稀であること，②「ヘ」は約半数が「ヘノ」の形で使われる，といったことがわかる．特に②は，内省によっては把握が困難であり，コーパスの活用によってあぶりだされてくる事実である．

　今，②について，その原因をコーパスを使って考えてみよう．BCCWJ の全データ（コア・非コア）を対象とし，長単位検索によって「ヘノ」の後ろに来る名詞について調べたのが表 13.5 である．さらに，表 13.5 中の漢語名詞について，「スル」をつけて動詞化し，その動詞の前にニ格が来るか，それともヘ格が来るかを調べたのが表 13.6 である．

　表 13.6 をみると，いずれの動詞もニ格・ヘ格の両方をとることができるが，ニ格をとることが多いということがわかる．すなわち，ここでの連用用法のニ格は意義がヘ格と重なっているが，ニ格の方がより好まれるということである．しかし，例えば「〜に対応する」を名詞化すると，文法的に「*〜にの対応」とはいえないため，代わりに「〜への対応」という形によって表すしかない．このように，連体修飾句においてニ格の代用としてヘ格が使用されることが，「ヘノ」という表現の使用を高めているのだと考えられる．

　コーパスを使いこなすには，その設計や検索方法などを十分に知る必要があり，手軽なツールとはいえないが，言語研究を進める手段の一つとして有用であることは間違いないだろう．　　　　　　　　　　　　　　　　　[鴻野知暁]

【参考文献】

岡　照晃（2019）「言語研究のための電子化辞書」『コーパスと辞書（講座日本語コーパス 7)』，朝倉書店

小椋秀樹（2014）「形態論情報」『書き言葉コーパスー設計と構築ー（講座日本語コーパス 2)』，朝倉書店

小椋秀樹，小磯花絵，冨士池優美ほか（2011a)「『現代日本語書き言葉均衡コーパス』形態論情報規程集第 4 版（上)」，『国立国語研究所内部報告書』，LR-CCG-10-05-01

小椋秀樹，小磯花絵，冨士池優美ほか（2011b)「『現代日本語書き言葉均衡コーパス』形態論情報規程集第 4 版（下)」，『国立国語研究所内部報告書』，LR-CCG-10-05-02

田野村忠温（2014）「BCCWJ の資料的特性ーコーパス理解の重要性ー」『コーパスと日本語学（講座日本語コーパス 6)』，朝倉書店

寺村秀夫（1991）『日本語のシンタクスと意味第Ⅲ巻』，くろしお出版

前川喜久雄（2013）「コーパスの存在意義」『コーパス入門（講座日本語コーパス 1)』，朝倉書店

山田敏弘（2002）「格助詞および複合格助詞の連体用法について」，『岐阜大学国語国文学』29

渡辺　実（1971）『国語構文論』，塙書房

索　引

編著者略歴

井島正博
（いじま まさひろ）

1958 年　熊本県に生まれる
1984 年　東京大学大学院人文科学研究科修士課程修了
現　在　東京大学文学部教授
　　　　博士（文学）

日本語ライブラリー
現代語文法概説　　　　　　　　　定価はカバーに表示

2020 年 11 月 1 日　初版第 1 刷

編著者　井　島　正　博

発行者　朝　倉　誠　造

発行所　株式会社　朝　倉　書　店

東京都新宿区新小川町 6-29
郵 便 番 号　　162-8707
電　話　03（3260）0141
Ｆ ＡＸ　03（3260）0180
http://www.asakura.co.jp

〈検印省略〉

© 2020 〈無断複写・転載を禁ず〉　　　印刷・製本 東国文化

ISBN 978-4-254-51618-0　C 3381　　　Printed in Korea

◈ 日本語ライブラリー ◈

誰にでも親しめる新しい日本語学

蒲谷　宏編著　金　東奎・吉川香緒子・
高木美嘉・宇都宮陽子著
日本語ライブラリー

敬語コミュニケーション

51521-3 C3381　　　　　A 5 判 180頁 本体2500円

敬語を使って表現し，使われた敬語を理解するための教科書。敬語の仕組みを平易に解説する。敬語の役割や表現者の位置付けなど，コミュニケーションの全体を的確に把握し，様々な状況に対応した実戦的な例題・演習問題を豊富に収録した。

前立大 沖森卓也編著　成城大 陳　力衛・東大 肥爪周二・
白百合女大 山本真吾著
日本語ライブラリー

日 本 語 史 概 説

51522-0 C3381　　　　　A 5 判 208頁 本体2600円

日本語の歴史をテーマごとに上代から現代まで概説。わかりやすい大型図表，年表，資料写真を豊富に収録し，これ1冊で十分に学べる読み応えあるテキスト。〔内容〕総説／音韻史／文字史／語彙史／文法史／文体史／待遇表現史／位相史／他

前立大 沖森卓也編著　拓殖大 阿久津智・東大 井島正博・
東洋大 木村　一・慶大 木村義之・早大 笹原宏之著
日本語ライブラリー

日 本 語 概 説

51523-7 C3381　　　　　A 5 判 176頁 本体2300円

日本語学のさまざまな基礎的テーマを，見開き単位で豊富な図表を交え，やさしく簡潔に解説し，体系的にまとめたテキスト。〔内容〕言語とその働き／日本語の歴史／音韻・音声／文字・表記／語彙／文法／待遇表現・位相／文章・文体／研究

奈良大 真田信治編著
日本語ライブラリー

方 言 学

51524-4 C3381　　　　　A 5 判 228頁 本体3500円

方言の基礎的知識を概説し，各地の方言を全般的にカバーしつつ，特に若者の方言運用についても詳述した。〔内容〕概論／各地方言の実態（北海道・東北，関東，中部，関西，中国・四国，九州，沖縄）／社会と方言／方言研究の方法

前早大 細川英雄・早大 舘岡洋子・早大 小林ミナ編著
日本語ライブラリー

プロセスで学ぶ レポート・ライティング
—アイデアから完成まで—

51525-1 C3381　　　　　A 5 判 200頁 本体2800円

学生・社会人がレポートや報告書を作成するための手引きとなるテキスト。ディスカッションによりレポートのブラッシュアップを行っていく過程を示す【体験編】，その実例を具体的にわかりやすく解説し，理解をする【執筆編】の二部構成。

前立大 沖森卓也編著　白百合女大 山本真吾・
玉川大 永井悦子著
日本語ライブラリー

古 典 文 法 の 基 礎

51526-8 C3381　　　　　A 5 判 160頁 本体2300円

古典文法を初歩から学ぶためのテキスト。解説にはわかりやすい用例を示し，練習問題を設けた。より深く学ぶため，文法の時代的変遷や特殊な用例の解説も収録。〔内容〕総説／用言／体言／副用言／助動詞／助詞／敬語／特殊な構造の文

早大 蒲谷　宏・前早大 細川英雄著
日本語ライブラリー

日 本 語 教 育 学 序 説

51527-5 C3381　　　　　A 5 判 152頁 本体2600円

日本語教育をコミュニケーションの観点からやさしく解説する。日本語を教えるため，研究するひとのための，日本語教育の未来へ向けたメッセージ。〔内容〕日本語・日本語教育とは何か／日本語教育の実践・研究／日本語教育と日本語教育学

前立大 沖森卓也編著
東洋大 木村　一・日大 鈴木功眞・大妻女大 吉田光浩著
日本語ライブラリー

語 と 語 彙

51528-2 C3381　　　　　A 5 判 192頁 本体2700円

日本語の語（ことば）を学問的に探究するための入門テキスト。〔内容〕語の構造と分類／さまざまな語彙（使用語彙・語彙調査・数詞・身体語彙，他）／ことばの歴史（語源・造語・語種，他）／ことばと社会（方言・集団語・敬語，他）

前立大 沖森卓也編著
名大 齋藤文俊・白百合女大 山本真吾著
日本語ライブラリー

漢 文 資 料 を 読 む

51529-9 C3381　　　　　A 5 判 160頁 本体2700円

日本語・日本文学・日本史学に必須の，漢籍・日本の漢文資料の読み方を初歩から解説する。〔内容〕訓読方／修辞／漢字音／漢籍を読む／日本の漢詩文／史書／説話／日記・書簡／古記録／近世漢文／近代漢文／和刻本／ヲコト点／助字／他

前立大 沖森卓也・立大 蘇　紅編著 日本語ライブラリー # 中 国 語 と 日 本 語 51611-1　C3381　　　　　A 5 判 160頁 本体2600円	日本語と中国語を比較対照し，特徴を探る。〔内容〕代名詞／動詞・形容詞／数量詞／主語・述語／アスペクトとテンス／態／比較文／モダリティー／共起／敬語／日中同形語／親族語彙／諸声／擬音語・擬態語／ことわざ・慣用句／漢字の数
前立大 沖森卓也・東海大 曺　喜澈編著 日本語ライブラリー # 韓 国 語 と 日 本 語 51612-8　C3381　　　　　A 5 判 168頁 本体2600円	日韓対照研究により両者の特徴を再発見。韓国語運用能力向上にも最適。〔内容〕代名詞／活用／助詞／用言／モダリティ／ボイス／アスペクトとテンス／副詞／共起関係／敬語／漢語／親族語彙／類義語／擬声・擬態語／漢字音／身体言語
沖森卓也・阿久津智編著 岡本佐智子・小林孝郎・中山恵利子著 日本語ライブラリー # こ と ば の 借 用 51613-5　C3381　　　　　A 5 判 164頁 本体2600円	外来の言語の語彙を取り入れる「借用」をキーワードに，日本語にとりいれられてきた外来語と外国語の中に外来語として定着した日本語を分析する。異文化交流による日本語の発展と変容，日本と日本語の国際社会における位置づけを考える。
前立大 沖森卓也・白百合女大 山本真吾編著 日本語ライブラリー # 文 章 と 文 体 51614-2　C3381　　　　　A 5 判 160頁 本体2400円	文章とは何か，その構成・性質・用途に最適な表現技法を概観する教科書。表層的なテクニックを身につけるのでなく，日々流入する情報を的確に取得し，また読み手に伝えていくための文章表現の技法を解説し，コミュニケーション力を高める。
前立大 沖森卓也・東洋大 木村　一編著 日本語ライブラリー # 日 本 語 の 音 51615-9　C3381　　　　　A 5 判 148頁 本体2600円	音声・音韻を概説。日本語の音構造上の傾向や特色を知ることで，語彙・語史まで幅広く学べるテキスト。〔内容〕言語と音／音声／音節とモーラ／アクセント／イントネーションとプロミネンス／音韻史／方言／語形と音変化／語形変化
前立大 沖森卓也・東大 肥爪周二編著 日本語ライブラリー # 漢　　　　語 51616-6　C3381　　　　　A 5 判 168頁 本体2700円	現代日本語で大きな役割を果たす「漢語」とは何か，その本質を学ぶことで，より良い日本語の理解と運用を目指す。〔内容〕出自からみた漢語／語形からみた漢語／語構成からみた漢語／文法からみた漢語／意味からみた漢語
前立大 沖森卓也・早大 笹原宏之編著 日本語ライブラリー # 漢　　　　字 51617-3　C3381　　　　　A 5 判 192頁 本体2900円	漢字の歴史，文字としての特徴，アジアの各地域で遂げた発展を概観。〔内容〕成り立ちからみた漢字／形からみた漢字／音からみた漢字／義からみた漢字／表記からみた漢字／社会からみた漢字（日本，中国・香港・台湾，韓国，ベトナム）
M.トマス著 中島平三総監訳　瀬田幸人・田子内健介訳 # こ と ば の 思 想 家 50 人 —重要人物からみる言語学史— 51048-5　C3080　　　　　A 5 判 312頁 本体6400円	言語の研究・言語学の進展に貢献のあった人物をプラトンやアリストテレスらの古代から，ヤーコブソン，チョムスキー，カメロンに至る現代まで50人を選び出し解説する。50人の言語学者により言語学の重要な歴史が鮮明に浮かび上がる。
前東北大 佐藤武義・前阪大 前田富祺編集代表 # 日 本 語 大 事 典 【上・下巻：2分冊】 51034-8　C3581　　　　　B 5 判 2456頁 本体75000円	現在の日本語をとりまく環境の変化を敏感にとらえ，孤立した日本語，あるいは等質的な日本語というとらえ方ではなく，可能な限りグローバルで複合的な視点に基づいた新しい日本語学の事典。言語学の関連用語や人物，資料，研究文献なども広く取り入れた約3500項目をわかりやすく丁寧に解説。読者対象は，大学学部生・大学院生，日本語学の研究者，中学・高校の日本語学関連の教師，日本語教育・国語教育関係の人々，日本語学に関心を持つ一般読者などである。